UN'AMICIZIA ELETTRONICA

AN EMAIL FRIENDSHIP

Text by Maria Quercioli Bosi
Translations and Introduction by Caroline Higgitt
Illustrations by Gillian McConnell

Acknowledgements

I am very grateful to the Istituto Italiano of Edinburgh and the director, Dr Ennio Troili, for agreeing to sponsor this publication and for financial assistance in the printing costs.

My thanks to all the people who feature in these letters who have sportingly agreed to appear undisguised.

Caroline Higgitt,
Edinburgh, January 2007

ISBN 978-0-9555379-0-5

Published by Higgitt Translations

For further copies please contact: caroline.higgitt@googlemail.com

Printed by David Macdonald Ltd., Edinburgh

Introduction

When I first began corresponding with Maria Bosi, I quickly realised what a wonderful resource her letters could be for students of Italian. Her vivid descriptions of the everyday happenings of a family that is both ordinary and remarkable add up to a chronicle that I hope will be both useful and interesting. I am immensely grateful to her for generously allowing me to publish it with translations and to her family for agreeing to be mentioned by name.

Apart from cutting a few sections from the Italian texts and adding some punctuation to the English translations, I have changed nothing. The salutations concluding the letters have been left in Italian since English seems strangely lacking in such a variety of affectionate formulae. I have added a few linguistic comments where they seem to be of interest. Maria's answers to my queries about Italian appear in the Italian texts but I have not attempted to translate them.

While it is usually possible to follow the events discussed, I have occasionally added a note in square brackets for clarity's sake. There are periods where there appears to be no contact between Maria and me but these usually coincide with times when we were together. The following brief chronology may make this clearer.

1998 I attend LINGUA (EU-funded) advanced course for teachers of Italian at the British Institute in Florence. Accommodation found for me in Sesto Fiorentino, 8km outside Florence, with the Bosi family.

1999 Maria and I get email set up and a regular correspondence begins.

2000 Group from Maria's school visit Carolyn's school in England. Caroline and John in Genoa, briefly meeting up with Maria and Piero. Sara and Teresa visit Edinburgh.

2001 Summer: Higgitt family staying in Barga, Tuscany. October: I attend second course for teachers of Italian at the British Institute in Florence and stay with the Bosi family again.

2002 Brief meeting when passing through Rome.

2003 May: Maria and Piero visit Scotland. Summer: John and I in Rome for two weeks. Brief meeting with Maria and Piero. I attend the course for teachers of Italian at the British Institute in Florence for a third time.

2004 September: John and I go to Teresa's wedding.

Nonna Sira died of a metastatic cancer on 27th December 2004.
John died of the same condition on the same date in 2006.
We would like to dedicate this book to their memory.

Dramatis personae

Italy	
Maria	teacher in a middle school until retiring in 2002
Piero	her husband, trade union leader CISL until retirement, then local councillor.
Sara	daughter, auditor
Anna	daughter, student then architect
Teresa	daughter, student then midwife
Lorenzo	son, student
La Nonna/Nonna Sira	Maria's mother
Simone	married Anna in 2002
An/To An	married Teresa in 2004
Giovanni	Anna and Simone's first child, born spring 2001
Emanuela	colleague at school where Maria worked
Duccio	colleague at school where Maria worked
Endrio	one of Maria's former pupils

Edinburgh	
Caroline	teacher of French and Italian and translator
John	her husband, art historian at Edinburgh University
Catherine	daughter, scientist at National Gallery, London
Becky	daughter, PhD student then post doctoral researcher
Richard	Catherine's partner
Dom	Becky's partner
Carolyn	teacher of Italian in England
Paola	Edinburgh friend who returned to live in her native Tuscany
Stuart	Paola's husband

1.

19.04.99

Dear Caroline,

As you can see, we too have our email. I am not very good at using it and often have to ask for help from people who are more expert - not, unfortunately, members of the family but passing visitors. Piero, in particular, regards even the keyboard as a monster! I am writing in haste in response to your card to give you news first of all about my mother who successfully underwent a second operation (they removed her womb). To see her now, you wouldn't know she had been ill at all.

As I think I have already written to tell you, Anna is in Spain, in Granada, working on her thesis. She will be there until September and we hope to be able to go and visit her.

I'll write again with the rest of my news about a thousand things that I want to tell you. Before closing, the latest news about our house: the wisteria this year is covered with flowers; everyone who passes by stops with their nose in the air to admire and smell it... The cherry tree near the gate has just finished flowering and, when you come in, the ground [in the courtyard] is a carpet of white petals.

Ti saluto con affetto a nome di tutti. If you have time, write and tell me about yourself and your home: really, when you describe your Scotland, I feel I am there.

Maria.

1.

19.04.99

Cara Caroline,

come vedi abbiamo anche noi la nostra e-mail. Io non sono molto abile nell'usarla e devo spesso ricorrere all'aiuto di persone più competenti, che purtroppo non sono della famiglia, ma ospiti di passaggio. Piero in particolare guarda come un mostro anche la tastiera del computer!

Rispondo velocemente al tuo biglietto dandoti prima di tutto notizie della mamma:
- ha superato bene anche il secondo intervento (le hanno asportato l'utero) e a vederla ora sembra che non abbia avuto niente. Anna, come mi sembra di averti già scritto, è in Spagna, a Granada, a preparare la tesi. Ci resterà fino a settembre e noi speriamo di poter andare a farle una visita.

Rimando ad un altro messaggio le notizie che avrei voglia di farti sapere su mille altre cose. Prima di salutarti, un flash sulla nostra casa: il glicine quest'anno ha avuto una fioritura eccezionale; tutti quelli che passano stanno a naso in su ad ammirarlo e ad annusare il profumo.... Il ciliegio vicino al cancello d'ingresso è sfiorito da pochi giorni e a terra, quando si entra, c'è un tappeto di petali bianchi.

Ti saluto con affetto a nome di tutti. Se hai tempo scrivi e raccontami qualcosa di te e dei tuoi luoghi: veramente, quando descrivi la tua Scozia, mi sembra di esserci.

Maria

2.

6.05.99

Dear Caroline,

I was waiting for your letter before writing again by ordinary post. However, apparently it is very slow and so I am writing in the meantime by this miraculous "electronic mail" because I need some information that perhaps you can give me. They are currently in the process of revising the contracts of school employees and, along with the usual clauses, there is this year for the first time a proposal for an increase in salary for those teachers, already in employment, who volunteer for a job evaluation, a kind of competitive exam. I immediately thought of you, because I think I heard you say that something similar happens in Scotland and that, if I have got it right, you have a qualification allowing you to carry out this kind of appraisal on other teachers. As far as I recall, it involves a kind of external body, independent of the state education system. Have I got it right? If so, could you let me know and tell me again briefly how it works in your country? This proposal is very unpopular with us Italian teachers, particularly because not everyone can benefit from it but only a rather small percentage. On the positive side, it might encourage the raising of professional standards (or at least, this is the intention of those putting forward the proposal).

Sorry if I am taking up your time just to satisfy my curiosity, but I think it is important to look around and find out about other people's experiences. Then I can pass it on to my colleagues.

Ti saluto con affetto. I'll leave the family news until my next letter. Just one bit of "environmental" information: here the mosquitoes have already been persecuting us for a week now... on the other had, the good thing is that in the daytime the sun is almost like summer...

Ciao

Maria

P.S. How did your daughter's interview go? Tell me all.

2.

6.05.99

Cara Caroline,

aspettavo la tua lettera, prima di farmi risentire; la posta normale però a quanto pare è molto lenta, perciò intanto ti scrivo attraverso questa miracolosa "posta elettronica " (la forma italiana di e-mail) perché ho bisogno di una informazione che forse mi puoi dare. In questi mesi si sta rinnovando il contratto dei lavoratori della scuola e, accanto alle solite voci, c'è quest'anno, per la prima volta, la proposta di un aumento di stipendio riservato a quegli insegnanti, già in servizio, che vorranno spontaneamente superare una prova di valutazione, una specie di esame-concorso. Io ho pensato subito a te, perché mi pare di averti sentito dire che anche da voi esiste qualcosa di simile; anzi, se non sbaglio, anche tu hai la qualifica per fare questo tipo di esame agli altri docenti. Si tratta, se non ricordo male, di una specie di agenzia esterna e autonoma, rispetto all'organizzazione scolastica di stato. Dico bene? In questo caso potresti darmene la conferma e ripetermi, brevemente, come funziona la cosa da voi? Per noi docenti italiani questa proposta è molto impopolare, soprattutto perché non tutti ne potrebbero beneficiare, ma solo una percentuale piuttosto bassa. L'aspetto positivo potrebbe essere uno stimolo ad innalzare la qualità della professionalità (questa almeno è l'intenzione di chi ha fatto la proposta).

Scusami se ti rubo del tempo per soddisfare questa curiosità, ma mi pare importante guardarsi intorno e informarsi sulle esperienze degli altri. Ne riferirò poi ai miei colleghi.

Ti saluto con affetto e rimando alla prossima lettera le notizie personali. Una sola informazione "ambientale": qui, le zanzare hanno cominciato a tormentarci da una settimana....ma in compenso di giorno c'è un sole quasi estivo.....

Ciao

Maria

P.S. Come è andato il colloquio di lavoro di tua figlia? Raccontami tutto.

3.

15.05.99

Your letter arrived yesterday: what a long time it took!

I'll reply properly in a few days. In the meantime, thank you for the very full information you sent me about the conditions of work of teachers in England.

Today is Piero's birthday (he's 59), but we will not be having a big celebration: in the last few years we have made a joke of pretending to have forgotten the day and then make fun of his disappointment! Not until then do we produce the present and the cake.

Cari saluti, I'll write again soon.

Maria

P.S. Do your plans include coming to Italy to visit us? Think about it.

3.

15.05.99

La tua lettera è arrivata ieri: pensa quanto tempo c'è voluto! Ti risponderò con calma nei prossimi giorni. Intanto ti ringrazio per le ampie informazioni che mi hai mandato sulle condizioni di lavoro degli insegnanti inglesi.

Oggi è il compleanno di Piero (59 anni), ma non gli faremo una grande festa: da qualche anno ci divertiamo a far finta di esserci dimenticati di questo giorno e poi lo prendiamo in giro per la sua delusione! Solo a questo punto tiriamo fuori il regalo e il dolce.

Cari saluti e a presto

Maria

P.S. Avete in programma una visita in Italia da noi? Pensateci.

4.

17.06.99

Dear Caroline,

Here I am again after so long. The holidays began a few days ago. Teaching finished on 10th June and I have almost come to the end of the administrative work: I am just in the process of handing in the last assessments to the Headmistress, yesterday we gave the pupils their reports with their marks, I still have a few more meetings with my colleagues to make arrangements for work in September, but then the school will close for our long Italian holidays. In fact, with the heat, especially this year, it would be difficult to teach a class of lazy pupils...

Since I last wrote there has been some news. To begin with the most recent. As I think I already told you (but I'm not quite sure), Piero stood as a candidate for the local elections of the Comune [town council] of Sesto Fiorentino. Voting took place on 13th June and the results were good: he was elected along with two other friends on the same list. At the national level his party (the Partito Popolare Italiano) did very badly, losing half the votes gained at the previous elections, whereas here in Sesto it tripled its votes going from one councillor to three! He seems to be very pleased and ready to throw himself enthusiastically into this new activity.

Teresa sat her first exam at the University in the Maths faculty. She was very nervous, since she tends to underestimate herself, but now that she has passed it more than adequately she is full of enthusiasm and preparing with optimism for the next, in July.

Anna, who has been in Spain – in Granada – since early February working on her thesis in architecture, should be coming home in early July. It is the first time she has been away for so long. She had never been away for more than a month before. Her first letters expressed her enjoyment of her independence, free from "rules", full of new experiences. Now, however, I am beginning to notice in her letters a hint of homesickness, which is nice for me.

Lorenzo has finished quarta [4th year at senior secondary school or liceo] and has immediately set off with his rucksack. This morning he is off to the island of Elba where he will be for five days at a scout camp.

Being the eldest and already having got her degree, my daughter Sara should, in theory, already be sorted out but is currently going through a rather unsettled period. The job in Spain with AGIP did not work out. After doing well in all the interviews and having already received news that she was to be taken on, they told her that there wasn't a job after all because the person in charge of appointments had been transferred and his successor was looking at the whole policy again. So, goodbye Madrid.

4.

17.06.99

Cara Caroline,

finalmente mi rifaccio viva dopo tanto tempo. Da alcuni giorni sono in vacanza, Le lezioni sono terminate il 10 di giugno e con gli impegni scolastici ho quasi finito; sto consegnando le ultime relazioni alla Preside, ieri abbiamo dato agli alunni le schede con le valutazioni, avrò ancora qualche riunione con le colleghe per l'organizzazione del lavoro di settembre, ma poi con la scuola si chiude per le nostre lunghe vacanze italiane. Effettivamente, con il caldo che ci ritroviamo, specialmente quest'anno, sarebbe difficile fare lezione a una classe di alunni indolenti...

Dall'ultima volta che ti ho scritto ci sono delle novità. Cominciamo dalle ultime cose. Come forse ti avevo già scritto (non ne sono però del tutto sicura) Piero si è presentato candidato alle elezioni amministrative del Comune di Sesto Fiorentino. Le votazioni si sono svolte il 13 giugno e il risultato è stato buono: è stato eletto insieme ad altri due amici della sua lista. A livello nazionale il suo partito (Partito Popolare Italiano) ha avuto un grosso tracollo: ha perso circa la metà dei voti ottenuti alle precedenti elezioni, mentre qui a Sesto ha triplicato i voti e da un consigliere sono passati a tre! Lo vedo piuttosto soddisfatto e pronto a cominciare con entusiasmo questa nuova attività.

Teresa ha fatto il suo primo esame all'Università, nella facoltà di Matematica. Aveva una bella paura, anche perché tende a sottovalutarsi, ma ora che l'ha superato più che dignitosamente si è caricata di entusiasmo e si prepara con ottimismo al prossimo, nel mese di luglio.

Anna, che è in Spagna – Granada – dai primi di febbraio per preparare la tesi di architettura, dovrebbe tornare i primi di luglio. E' la prima volta che sta via così a lungo. Le sue assenze non avevano mai superato il mese. Le sue prime lettere manifestavano la soddisfazione della vita autonoma, libera da "controlli", ricca di esperienze nuove. Ora invece comincio ad avvertire nei suoi messaggi una punta di nostalgia e questo mi fa piacere.

Lorenzo ha finito la quarta liceo e ha cominciato subito a portare in giro il suo zaino. Stamani parte per l'isola d'Elba dove starà cinque giorni, per un corso scout.

Sara, la figlia che, essendo la maggiore e quella già laureata, in teoria dovrebbe essere "sistemata", in realta vive una situazione molto fluida. Il lavoro in Spagna con l'AGIP non è andato in porto. Dopo aver superato tutti i colloqui e aver avuto la notizia dell'assunzione, le hanno detto che non se ne faceva più di niente perché il Dirigente che aveva curato il programma di assunzioni è stato trasferito e quello nuovo ha rimesso tutto in discussione. Quindi niente Madrid. Ha trovato subito un nuovo lavoro, ad Arezzo;

She found a new job straight away, in Arezzo; it is interesting work and well paid. Meanwhile, she is continuing to look for other jobs, applying to a number of different companies. She comes home on Friday evenings and leaves again on Mondays. She has let out her flat in Sesto and has found somewhere to live in a village near where she works.

She has managed all these changes very successfully by herself, bu I can't help worrying about her. Fortunately, Piero takes a more tolerant approach and acts as a referee between her and me.

So, this letter brings you up to date with the whole family (or almost).

I'll leave the other things I have to tell and ask you to another letter, or, even better, until our next meeting: if you come to Italy, remember that we are expecting you here. We shall be here in Sesto all of July. In August we shall be in the mountains not far from Florence in a house that is big enough to allow us to put up lots of friends. I'll give you Piero's mobile phone number, in case we are not at home: [............].

I imagine that this is a very busy time of year for you: take your time in sending me your news. I look forward to hearing from you in due course.

Cari saluti,

Maria.

è un lavoro interessante e ben retribuito e intanto lei continua a cercare altre soluzioni presentando domande in varie ditte. Torna a casa il venerdì sera e riparte il lunedì. Ha affittato il suo appartamento di Sesto e ha trovato una sistemazione in un paesino vicino al luogo di lavoro. Ha saputo gestire tutti questi cambiamenti con molta autonomia e abilità, ma io non posso fare a meno di agitarmi quando mi racconta le sue vicissituduni. Piero, fortunatamente, vede le cose con più tolleranza e fa da mediatore tra noi.

Con questa lettera ti ho aggiornato su tutta la famiglia (o quasi). Le altre cose che avrei da raccontarti e da chiederti le lascio ad un'altra lettera, o meglio ancora ad un nostro prossimo incontro: se vieni in Italia, ricordati che vi aspettiamo da noi. Noi saremo qui a Sesto per tutto luglio. D'agosto saremo in montagna a poche decine di chilometri da Firenze, in una casa che è grande e che ci permette di ospitare molti amici. Ti scrivo il numero di cellulare di Piero, nel caso che non ci trovassi al numero di casa: [...........].

Immagino che tu sia in questa fase dell'anno molto impegnata: prenditi tutto il tempo che vuoi per rimandarmi tue notizie. Io aspetterò fiduciosa.

Cari saluti

Maria

Sesto Fiorentino Town Hall

5.

27.07.99

Dear Caroline,

A short note to wish you a good holiday – the chance of a trip to Russia seems really delicious, and I have to say I am rather jealous. In a few days we, that is to say Piero and I, are leaving for the mountains. The children (and especially the girls) have no intention of coming with us. It's understandable, because they have studying to do and particularly because the village where we are going doesn't offer much apart from a cool climate and some nice walks. If it gets any hotter then, perhaps, they'll come up as well to cool down. But we won't be lonely because many of our friends spend the month of August nearby or come and see us.

While I write, the house is almost deserted: the only person here is Anna who is working on her thesis about the walls of Granada. She got back about three weeks ago with a lot of material and now she must write it up. She is very stressed and every now and then loses heart. Teresa is on the island of Giglio in the Argentario region for a camping holiday with a girl friend, while Lorenzo is with his scout group in Puglia and is also away for a week. The main news is about Sara who, since yesterday evening, has bee practically on your doorstep: she answered an advertisement in the Corriere [della Sera], did a trial week in early July and began her new job yesterday in a small town twenty minutes from London. When I write again, when I have her exact address, I'll tell you more. Sara's job may perhaps increase the likelihood that, sooner or later Piero and I will come to England.

Ciao.

Ti saluto con affetto.

Maria

5.

27.07.99

Cara Caroline,

ti scrivo poche righe per augurarti una buona vacanza: l'opportunità di un viaggio in Russia mi sembra veramente ghiotta, e sinceramente un po' ti invidio. Fra pochi giorni noi, cioè Piero ed io, partiamo per la montagna. I figli (e soprattutto le figlie), non hanno intenzione di venire con noi. E' logico, perché hanno impegni di studio e soprattutto perché il paese dove andiamo, al di là del clima fresco e di un discreto paesaggio, non offre un granché. Se la temperatura salirà, allora, forse, saliranno anche loro per trovare refrigerio. La compagnia però non ci mancherà perché ci sono molti amici che passano il mese d'agosto vicino a noi o che vengono a farci visita.

Mentre ti scrivo la casa è quasi deserta: c'è solo Anna che sta scrivendo la sua tesi sulle mura di Granada. E' tornata circa tre settimane fa con molto materiale ed ora deve rielaborarlo. E' molto nervosa e ogni tanto si lascia prendere dallo scoraggiamento. Teresa è all'isola del Giglio, nella zona dell'Argentario per una vacanza in tenda con una amica, mentre Lorenzo è con il suo gruppo Scout in Puglia, anche lui per una settimana. La novità più grossa riguarda Sara, che da ieri sera è "a pochi passi da te": rispondendo ad un annuncio economico trovato sul Corriere, ha fatto una settimana di prova i primi di luglio e da ieri ha iniziato il suo nuovo lavoro in una cittadina a venti minuti daLondra. La prossima volta, quando avrò il suo indirizzo preciso, ti dirò qualcosa di più. Questo lavoro di Sara servirà forse ad aumentare le probabilità che Piero ed io veniamo in Inghilterra, prima o poi.

Ciao

Ti saluto con affetto.

Maria

Anna

6.

31.8.99

Dear Caroline,

First of all, thank you for the wonderful postcard from Russia and for taking the trouble to put Sara in contact with your daughter Catherine: knowing that there is a network of friendly people around her makes me feel better. As for the expression *finestra a bocca di lupo*, here is the definition. To understand what it is like I ought to do a drawing, but unfortunately I don't know how to do this on the computer. I am sending you the authoritative definition that I found in my dictionary of more than 20 volumes (Salvatore Battaglia – Grande Dizionario della Lingua Italiana vol. II UTET) that gives, among other meanings, the one that you want: "sort of well closed at the top at street level with a grill that gives air and light to basement spaces (and which is also used of windows in prisons cells)" The dictionary then gives examples from three authors (Gramsci, Levi and Moravia) who use the expression. If you want, I can transcribe them for you. Anyway, it is an expression that is still used in the building trade today: our cellar has a window *a bocca di lupo* to give the said air and light to the room.

When you need any help, do ask me: anything I don't know I can go and find in my maxi-dictionary.

I have been back home for a couple of days and am beginning to get ready for the next school year.

It looks as if there will definitely be an exchange visit with the school of your colleague Carolyn to whom you introduced me in the library at the British Institute [in Florence] at the reception for families providing hospitality. It is the first time our school has done such a thing and I hope it will be repeated in following years.

We spent the month of August in the mountains going for long walks almost every day. We always had friends with us, but none of our children came this year and this made me feel rather old.

Ciao

Until the next letter

Maria

6.

31.08.99

Cara Caroline

prima di tutto grazie per la stupenda cartolina dalla Russia e per la premura con cui hai messo in contatto Sara con tua figlia Catherine: sapere che c'è intorno a lei una "rete" di persone amiche mi fa sentire più tranquilla. Ecco ora la spiegazione del termine "finestra a bocca di lupo". Per capire meglio di che cosa si tratta dovrei farti un disegno, ma purtroppo non lo so fare sul computer. Ti trascrivo però l'autorevole definizione che ho trovato sul mio dizionario in più di 20 volumi (Salvatore Battaglia - Grande Dizionario della Lingua Italiana vol. II UTET) che fra gli altri significati riporta quello che ti interessa: " sorta di pozzetto chiuso in alto, al piano stradale, da un'inferriata, che serve a dare aria e luce ai locali interrati (e viene applicato anche alle finestre delle celle carcerarie)". Di seguito il dizionario riporta brani di tre autori (Gramsci, Levi e Moravia) che usano questo termine. Se ti interessano te li posso trascrivere. E' comunque un termine usato nel campo dell'edilizia ancora oggi: anche la nostra cantina ha una finestra " a bocca di lupo " per dare appunto aria e luce alla stanza.

Quando hai bisogno di qualche aiuto, chiedi pure a me: quello che non so, vado a cercarlo sul mio maxidizionario.

Sono tornata da un paio di giorni e sto cominciando a prepararmi per il prossimo anno di lavoro.

Sembra sicuro che ci sarà uno scambio di visite con la scuola della collega Carolyn, che mi presentasti nella biblioteca del British Institute in occasione dell'incontro con le famiglie ospiti. E' la prima esperienza del genere per la nostra scuola e spero che possa avere un seguito anche nei prossimi anni.

Abbiamo trascorso il mese di agosto in montagna facendo lunghe passeggiate quasi tutti i giorni. Eravamo sempre in compagnia di amici, ma nessuno dei nostri figli quest'anno è venuto con noi e questo mi ha fatto sentire un po' vecchia.

Ciao

Alla prossima lettera

Maria

7.

26.09.99

Dear Caroline

Your letter arrived just when I was thinking that I wanted to write to you and to hear your news. There was a passage in it that made me smile, because it described exactly how I feel about some things. As I told you, at the moment I am working frantically on the organisation of the exchange with Carolyn's school; this is something that is very important to me, for the school and my pupils, but… quite apart from the complications in organising it, I feel slightly uncomfortable, almost guilty because … I feel I am "betraying you", given that you are "our" English (or Scottish in this case) friend. Isn't it strange how our feelings coincide?

Today, as I write, it feels like summer again. We are going to eat Piero's famous barbequed chicken outside in the courtyard. La nonna, who is quite recovered, made a cake that is traditional for this time of year, *schiacciata con l'uva* [cake filled with fresh grapes]. Some friends are coming to lunch too, to celebrate Sara's return from England for the weekend.

Sara is happy as far as her job in England is concerned: she has settled in pretty well, has got to know some friendly people and, all in all, has got over the initial hurdles. The only problem is that she sees and talks almost exclusively with Italians, so she would be doubly pleased if you visited her.

I have been back at school for little more than 10 days and I am already swamped with work. Changes have been made here too: we are beginning [the new scheme for] "autonomy", which allows for the possibility of making decisions about organisation and different activities on a school-by-school basis. As is often the case, we have held some very long meetings with heated discussions and furious speeches. I am following events with interest: I am convinced that when there are changes of this kind those who wish to can use them to advantage to improve things. And there are a few things that could be improved in our school………My involvement is limited by the fact that I am now close to retirement and won't be involved in the implementation of these changes. I could stay on at the school for longer, but the constant threat of reforms (for the worse, naturally) of the pension scheme makes me (and, like me, many of my colleagues) keen to leave.

Teresa's hens are still giving us their beautiful ecological eggs. Teresa tells us that her hens have feelings because while she was away (for a couple of weeks) they stopped laying eggs and began again as soon as she returned!

As for the Jubilee [declared by the pope for 2000], we know - or rather, we fear – that there will be a lot of people, in Rome especially but also in other cities. I hope that the

7.

26.09.99

Cara Caroline,

la tua lettera mi è arrivata proprio mentre pensavo che avevo desiderio di scriverti e di avere tue notizie. Vi ho trovato un passaggio che mi ha fatto sorridere, perché ho scoperto una curiosa sintonia con me: in questi giorni, come ti ho scritto, sto freneticamente lavorando per organizzare lo scambio con la scuola di Carolyn; è una esperienza a cui tengo molto, per la mia scuola e per i miei ragazzi, ma... a parte le complicazioni dell'organizzazione, sento una punta di disagio, una specie di complesso di colpa perché.... mi sembra di "tradirti", dato che la "nostra" amica inglese (o scozzese, a seconda dei casi), sei tu e basta. Hai visto che corrispondenza di modo di sentire?

Oggi, mentre ti scrivo, sembra di nuovo estate. Mangeremo all'aperto, nel cortile, il "famoso" pollo arrosto di Piero. La nonna, che ha ripreso in pieno la sua forma, ha preparato la "schiacciata con l'uva", un dolce tradizionale di questo periodo. Avremo anche qualche amico a pranzo, per far festa a Sara, che è tornata dall'Inghilterra per questo week end.

Sara è tranquilla per quanto riguarda il suo lavoro in Inghilterra: si è ambientata piuttosto bene, frequenta persone piuttosto cordiali, insomma ha superato lo scoglio del primo impatto. Il suo unico cruccio è che vede e parla quasi esclusivamente con italiani, perciò una tua visita le sarebbe doppiamente gradita.

Ho ricominciato la scuola da poco più di 10 giorni e sono già sopraffatta dal lavoro. Anche noi quest'anno abbiamo delle novità: comincia l'"autonomia", cioè la possibilità di decidere organizzazione e attività diverse scuola per scuola. Abbiamo fatto riunioni lunghissime, con discussioni arroventate e discorsi fumosi, come spesso succede. Io seguo con interesse il problema: sono convinta che quando ci sono cambiamenti di questo genere, chi vuole può trovare lo spazio per migliorare le cose. E nella nostra scuola ce ne sono di cose da migliorare..........La mia partecipazione è però limitata dal fatto che ormai sono prossima alla pensione e nella gestione di questi cambiamenti non sarò coinvolta. Potrei rimanere nella scuola ancora, ma mi spinge ad uscire (e come me tante altre colleghe) la continua minaccia di riformare (naturalmente in peggio) le pensioni.

Le galline della Teresa continuano a darci le loro belle uova ecologiche. La Teresa dice anche che le sue galline hanno un sentimento, perché nel periodo in cui lei non c'era (un paio di settimane) avevano smesso di fare le uova e hanno ricominciato appena lei è tornata!

Quanto al Giubileo sappiamo – anzi, temiamo – che ci sarà molta gente soprattutto a Roma, ma anche nelle altre città. Spero che il significato di questo avvenimento non sia

meaning of this occasion is not distorted and does not become just a tourist event. I have recently been enjoying reading some of the information put out about the pilgrimage routes and the Via Francigena, about the meaning of the Jewish Jubilee and I had a great desire to do some of the less well-known and less-frequented stretches of the Francigena on foot like some of the pilgrims in former times, (but stopping each evening in a comfortable hotel with an en-suite bathroom).

I imagine that you and your husband, with his expertise in Romanesque art, may be planning something similar. If you are, you will be making a halt (a long halt) at our house.

There is another reason for staying with us: to *sciacquare i panni in Arno* [lit. rinse out one's clothes in the Arno] as Manzoni put it and as he did before writing the final version of *I Promessi Sposi*. In your letter, you ask about the correct form of certain expressions. Here are the corrections or confirmations of the correct form:

[...]

They are only small things because your Italian is excellent and only lacks a little familiarity with our Florentine language.....

Meanwhile we (Piero and I) have enrolled for our nth English course, with the intention of tackling, sooner or later, a trip to England and, naturally, Scotland.

Until the next time (but no hurry: I would prefer a long letter after a space of time to frequent mini-messages)

Maria

stravolto e che non diventi solo un fatto puramente turistico. Ho cominciato a leggere da un po' di tempo con interesse testi divulgativi sul pellegrinaggio, sulla via francigena, sul significato del giubileo ebraico e mi è venuto un gran desiderio di fare un percorso a piedi lungo i tratti meno conosciuti e frequentati della Francigena alla maniera degli antichi"romei", (fermandomi però la sera in un comodo albergo con bagno in camera). Immagino che con tuo marito, studioso dell'arte romanica, tu stia progettando qualcosa del genere. In questo caso farete tappa (una lunga tappa) a casa nostra.

C'è un altro motivo per una sosta da noi: venire a "sciacquare i panni in Arno", come appunto fece il nostro Manzoni prima della stesura definitiva dei Promessi Sposi. Nella tua lettera mi chiedi qual è la forma giusta di alcune espressioni. Qui di seguito ti riporto la correzione o la conferma della forma giusta: [..............] Si tratta di piccole cose perché il tuo italiano è ottimo e gli manca, appunto, solo un po' di familiarità con la lingua fiorentina.......

Noi intanto (Piero ed io) ci siamo iscritti all'ennesimo corso di inglese, nella prospettiva di affrontare, prima o poi, un viaggio in Inghilterra e, logicamente, anche in Scozia.

A "rileggerci" presto (senza particolare fretta: preferisco una lettera lunga a distanza di tempo, piuttosto che tanti minimessaggi frequenti).

Maria

8.

27.11.99

Dear Caroline,

A week has passed but I am only answering now because the last few days at school have been very busy. At last today I have some time for myself!

You ask in your letter how the visit of the English group went: it was very exhausting but very satisfying. I was hoping during that time to send you a "four-handed" email together with Carolyn, but we were rushing all the time and didn't have a moment to ourselves. A pity, because it was very nice being with her and her family (her husband and her son also came). Piero practised his English under the patient guidance of Carolyn and her husband. Now I estimate he knows another four words....

My class will return the visit in March (from 2nd to 7th) and I am to go with them with my colleague who teaches English.

Here in Florence winter has arrived (Blair [British PM] noticed it too, in the Salone dei Cinquecento [Palazzo Vecchio in Florence]), but we are keeping warm with our Scottish scarves...

I know that Sara has written to you. I hope that she will be able to meet you soon.

Ciao. Write again, I love hearing from you. I miss the long conversations with you around the table

Maria

8.

27.11.99

Cara Caroline

ti rispondo dopo quasi una settimana, perché questi giorni sono stati pieni di impegni scolastici. Oggi finalmente ho del tempo per me!

Mi chiedi nella lettera come è andata la visita del gruppo di inglesi:è stata una cosa impegnativa, ma di grande soddisfazione. Speravo di mandarti in quei giorni un messaggio e-mail " a quattro mani" insieme a Carolyn, e invece siamo andate sempre "di corsa" e non abbiamo avuto un momento per noi. Peccato, perché è piacevolissimo stare con lei e con la sua famiglia (sono venuti anche suo marito e suo figlio). Piero ha fatto esercizio di inglese sotto la guida paziente di Carolyn e di suo marito. Ora credo che sappia quattro parole di più....

La mia classe restituirà la visita nel mese di marzo (dal 2 al 7) e dovrei accompagnarli io insieme al mio collega di inglese.

Qui a Firenze è arrivato il freddo (se ne è accorto anche Blair, nel Salone dei Cinquecento), ma noi ci difendiamo bene con le sciarpe scozzesi...

So che Sara ti ha scritto. Spero che almeno lei possa incontrarti presto.

Ciao. Scrivi ancora. Mi fa tanto piacere. Mi mancano le lunghe chiacchierate con te intorno al tavolo

Maria

9.

1.12.99

Dear Caroline,

Your long letter arrived today. Thank you. I'll answer it soon, perhaps by email, because it is (for me at least) the ideal system for a regular correspondence. More than once it has happened that I lose a letter I have already written before I have even bought the stamp! A computer, on the other hand, makes an ideal secretary: it records and stores everything that would otherwise get lost....by me.

Ciao, I'll write soon

Maria

9.

1.12.99

E' arrivata oggi la tua lunga lettera. Grazie. Ti risponderò presto, forse per e-mail, perché (almeno per me) è il sistema ideale per una corrispondenza regolare. Mi è capitato più volte di perdere la lettera già scritta, prima di aver comprato il francobollo! Invece il computer, per il momento, è un segretario ideale: registra e conserva tutto quello che altrimenti andrebbe perso.....da me.

Ciao a presto

Maria

10.

11.12.99

Dear Caroline,

I'm sending the letter I had planned to send you by ordinary post by email, because the printer is not working. If you can't read it, let me know.

A Christmas card is on its way by normal post.

Maria

10.

11.12.99

Cara Caroline

ti mando per e-mail la lettera che avevo intenzione di mandarti per posta normale, perché la stampante non funziona. Se non riuscissi a leggerla, fammelo sapere. Arriverà invece regolarmente un biglietto di auguri.

Maria

11.

23.02.00

Dear Caroline,

Here is Carolyn's phone number

[0181..................]

I'll be staying at her house from Wednesday 1st March (in the late afternoon) until the following Sunday evening. We'll be leaving on the Monday morning at about.... [sic]. It will be good to speak to you on the phone, but I am planning to write to you as soon as I get home again to update you on the family's doings.

Piero will be staying with Sara [in England]. I know that she has emailed you with her new address. Here is her phone number:

[0181……..]

If a man answers in English, it will be the London colleague who is renting a room to Sara: you are certainly not likely to mistake him for Piero.

Appropriately, this evening we are off to our weekly English lesson, for the...... finishing touches.

Ciao.

Cari saluti

Maria

11.

23.02.00

Cara Caroline,

ecco il numero di telefono di Carolyn

Sarò da lei a partire da mercoledì 1 marzo (nel tardo pomeriggio) fino alla domenica sera successiva.

Partiremo lunedì mattina verso le ??. Sentirò volentieri la tua voce, ma conto di scriverti presto al ritorno, per aggiornarti sulle nostre vicissitudini familiari.

Piero sarà a casa di Sara. So che lei ti ha scritto una e-mail con il nuovo indirizzo. Ti scrivo il suo numero di telefono [0181........].

Se ti risponde in lingua inglese un uomo, è il collega di Londra che le ha affittato la camera a Sara: non lo potrai sicuramente confondere con Piero.

Stasera, a proposito, andiamo alla nostra lezione settimanale di inglese, per gli ultimi... ritocchi

Ciao.

Cari saluti

Maria

12.

9.03.00

Dear Caroline

I got back to Italy on Monday, but I only got my computer back yesterday evening.

The trip to England, the visit to Carolyn's school and the hospitality received from the English families was a wonderful experience.

London was fascinating.

It was good to speak to you. Piero and Sara were also pleasantly surprised to be phoned by you.

I gather that at the moment you are very worried about your mother and sister. I am so sorry and am thinking of you.

Since you told me that you were going to be in Italy in a few weeks time and, what's more, at a "stone's throw" from us, I have been thinking about how I could meet up with you and make the acquaintance of your husband. There are two possibilities: either the mountain goes to Mohammad or Mohammad goes to the mountain. In other words, you two could come to Florence (the train between Florence and Genoa is not very fast, but the timetable and journey lengths are reasonable) or we could do the same thing in reverse (with the advantage that the cost of the tickets is not a problem for us [the Bosi family travel free because Piero was a union leader in CISL, the union of the Italian State Railway workers]). There is also another possibility: meeting halfway between the two.

I hope I do not seem to be intruding, particularly with regard to your husband, but it would be a pity to miss a chance to meet and talk, even for a few hours. Think about it and then, if you think it is do-able, write and let me know. I'll give you Piero's mobile number [..........] and I'll give you the home number again [055...............].

A presto

Maria

12.

9.03.00

Cara Caroline

sono tornata in Italia lunedì, ma solo ieri sera ho riavuto il mio computer.

II viaggio in Inghilterra, la visita della scuola di Carolyn, l'ospitalità ricevuta dalle famiglie è stata un' esperienza che ci ha entusiasmati.

Londra ci ha affascinati.

Ho sentito molto volentieri la tua voce. Anche per Piero e Sara la tua telefonata è stata una piacevole sorpresa.

Ho capito che in questo periodo hai delle preoccupazioni non piccole come mamma e come sorella. Mi dispiace. Ti penso.

Da quando ho saputo che sarai in Italia, e per di più a "pochi passi" da noi, tra qualche settimana, sto pensando a come fare per incontrarci e per fare conoscenza con tuo marito. Ci sono due possibilità: o la montagna va da Maometto o Maometto dalla montagna. Vale a dire che potreste venire voi a Firenze (il treno non è velocissimo tra Firenze e Genova, ma gli orari e i tempi sono ragionevoli) o potremmo spostarci noi con lo stesso mezzo (fra l'altro noi abbiamo facilitazioni nel prezzo del biglietto). C'è anche una terza possibilità: incontrarsi a metà strada.

Non vorrei sembrare invadente soprattutto nei confronti di tuo marito, ma insisto perché non ci facciamo sfuggire l'occasione di incontrarci e di chiacchierare insieme almeno un paio d'ore. Pensaci e poi, se ritieni la cosa fattibile, scrivimi. Ti lascio intanto il numero di telefono cellulare di Piero [.........] e ti riscrivo quello di casa [055........]

A presto

Maria

13.

13.03.00

I have the information about the exhibition at the Palazzo Reale in Milan. It is open until 21 May, every day except Mondays, from 9.30 to 18.30. On Thursdays it is open until 22.30. There is an internet site: [.......]. It is in Italian and gives a lot of information about the exhibits. Ciao, Maria

13.

13.03.00

Ho le informazioni sulla mostra di Palazzo Reale a Milano È aperta fino al 21 maggio, tutti i giorni meno il lunedì, dalle 9,30 alle 18,30. Il giovedì è aperta fino alle 22,30. C'è un sito internet: [......]. E' in italiano, con molte informazioni sui contenuti. Ciao Maria

14.

28.03.00

We are expecting you.

The wisteria and the cherry are about to flower.

When you arrive in Italy, phone us to confirm the time of your arrival at the station in Florence.

Is there anything in particular your husband would like to see?

Let me know.

Maria

14.

28.03.00

Siete pronti?

Vi aspettiamo.

Il glicine e il ciliegio stanno per fiorire.

Quando arrivate in Italia telefonateci per confermare l'arrivo alla stazione di Firenze.

C'è qualcosa che tuo marito preferirebbe visitare?

Fammelo sapere

Maria

15.

20.04.00

Dear Caroline,

At last I am on holiday! Thank you for your letter and phone call from Genoa. I often think about those few hours spent with you and John. I had so many other things to ask you and tell you! Perhaps I have already told you or said in a letter before, but talking to you is like travelling or reading a book, you know so well how to make situations and feelings visible! And then you speak and understand Italian so well! I find, however, that John is no less good, quite the contrary! What a couple you are!

Everyone was very pleased to see you. Anna, as you remember, had to go out after supper. She is sorry that she was not able to stay and talk to you both and sends her apologies again. Amazingly, the morning before you arrived she began to tidy up (if you can call it that...) the living room: something I have never seen her do before!

The election results, as you know, were disappointing – worse, they are worrying. Piero is following events almost hour by hour. We'll see if there will be an early general election: anything is possible.

I asked my mother is she knew what part of a wheel was called a *chiave* [key]. She tells me that, as far as she knows and can remember, this word was not used in connection with carts in this area, whereas the piece of metal that secured the hub of the wheel used to be called the *acciarino*. I don't know if this information will be of any use to you.

I often think about your work translating for Lord Elgin and imagine you as if on a film set in a large drawing room with a vaulted ceiling, with ancient account books heaped up on a oak table, a shaft of light falling through the leaded windows and illuminating your computer. Have I got it right? What a picture! One thing I don't remember or haven't quite understood: why are these accounts written in Italian? [They were written by Lusieri, the Italian artist engaged by the 7th Earl to make drawings of the antiquities of Greece.]

Last Monday, since the school was still closed for the elections, we teachers organised an outing just for teachers (no pupils, at last!) and went to Rome to see an exhibition. About a hundred paintings from the Hermitage [Museum, St Petersburg] are on show in the historic stables of the Quirinale that have been restored to provide an exhibition space. We also walked about Rome and had fun being model pupils.

When you have time, or when we meet again, you must tell me tell me about Bobbio, and before that about Genoa and before that about Russia....

15.

20.04.00

Cara Caroline,

sono finalmente in vacanza! Grazie della tua lettera e del messaggio telefonico da Genova. Ho ripensato spesso a quelle poche ore trascorse insieme a te e a John. Quante cose avrei da chiederti ancora, o da dirti! Forse te l'ho già detto o scritto altre volte, ma per me stare in conversazione con te è come viaggiare o leggere un libro, tanto riesci a rendere visibili situazioni e sentimenti! E poi, parli e capisci così bene l'italiano! Ho scoperto però che John non è da meno, anzi! Che coppia siete!

La vostra visita ha fatto un gran piacere a tutti. Anna che, se ricordi, è dovuta uscire dopo cena per un impegno, si rammarica di non essere potuta rimanere a parlare con voi e ti chiede ancora di scusarla. Pensa che la mattina prima del vostro arrivo si è messa ad ordinare (si fa per dire..) la stanza da pranzo in onore vostro: non glielo avevo mai visto fare prima!

I risultati elettorali, come sai, sono stati deludenti, anzi, preoccupanti. Piero segue quello che succede quasi ora per ora.Vedremo se ci saranno le elezioni anticipate: tutto è possibile.

Ho chiesto alla mamma se sapeva a quale parte della ruota si potesse adattare il termine "chiave". Lei mi ha detto che, almeno per quello che sa e che si ricorda, sui nostri carri non si usava questo termine, mentre chiamavano "acciarino" quella parte in metallo che bloccava il mozzo della ruota. Non so se questa informazione ti potrà servire.

Ripenso spesso al tuo lavoro di traduzione per lord Elgin e ti immagino come in una scena da film, in un grande salone dalle ampie volte, con gli antichi libri contabili poggiati su un gran tavolo di quercia, mentre una lama di luce entra dai vetri piombati delle finestre e illumina... il tuo computer. E' così, vero? Che suggestione! C'è una cosa che non ricordo o non ho capito bene: perché questi conti sono scritti in italiano?

Lunedì scorso, siccome la scuola era ancora chiusa per le elezioni, noi professori abbiamo organizzato una gita per soli docenti (senza alunni, finalmente!) e siamo andati a Roma a vedere una mostra: sono esposti, nelle antiche scuderie del Quirinale restaurate e destinate a sala mostra, un centinaio di quadri provenienti dall'Ermitage. Siamo andati anche in giro per Roma e ci siamo divertiti a fare i bravi studenti.

Quando avrai tempo, o quando ci rivedremo, mi dovrai raccontare di Bobbio, e prima ancora di Genova e prima ancora della Russia...

Ora ti lascio. Non so quando ti scriverò ancora. Ormai siamo d'accordo che la nostra corrispondenza non segue procedure obblgate, vero? Se ti posso aiutare a risolvere

I'll close here. I don't know when I'll write again. I think we have agreed that our correspondence shouldn't be dictated by a sense of obligation, haven't we? If I can help you with resolving any problems of translation, I would be delighted to help – just ask.

Affectionate greetings to John: he really is a lovely person. I am grateful to you both for putting up with hours in the train to come and visit us. Try and come back to Italy in July this year. Very best wishes for your sister's health and *ti abbraccio forte*,

Maria

qualche problema di traduzione, ne sarò ben felice, scrivi pure.

Un saluto affettuoso a John: è veramente una persona cara e preziosa. Vi sono grata di aver affrontato ore di treno per venire a farci visita. Cercate di tornare in Italia a luglio di questo anno. Ti faccio tanti auguri per la salute di tua sorella e ti abbraccio forte

Maria

16.

10.06.00

Dear Caroline,

First of all I'll try to answer your linguistic questions:

[..............]

I have to stop now because Anna needs me: she too is translating - a paper by her Spanish teacher and I am writing it on the computer.

I think I will write the second part of this letter tomorrow. In the meantime, I have already given you some homework....

Ciao

Maria

16.

10.06.00

Cara Caroline,

prima di tutto provvedo a rispondere al tuo quesito linguistico: "vasi e piatti per le seghe". Ho guardato sui miei dizionari ma non mi sono stati di aiuto. Mi sono consultata con una collega e la risposta è che la tua ipotesi (cioè che le seghe siano in realtà gli operai che usavano le seghe) ci sembra la più probabile. Si tratterebbe di una metonimia, quella figura retorica che "consiste nell'utilizzare una parola in senso figurato, in sostituzione di un termine proprio con il quale intrattiene un rapporto di continuità" Così la definisce la mia grammatica, di M.Sensini. Tra gli esempi di metonimia c'è il contenente per il contenuto: bere un bicchiere (= la quantità contenuta in un bicchiere); mangiare solo il primo piatto(=la pietanza che si serve per prima)

Ce ne sono tanti altri, ma quello che fa al caso nostro è il seguente:

-il mezzo o lo strumento invece della persona che lo usa: "essere il primo violino" dell'orchestra=essere il primo suonatore di violino.

Perciò la spiegazione che hai dato mi sembra convincente.

Quanto all'acqua, doveva essere usata anche per le seghe.

Il Grande Dizionario della Lingua Italiana dell'UTET(Battaglia) dice così della "sega per pietra": costituita da una lama senza denti che agisce mediante una miscela di acqua e smeriglio.

Mi devo interrompere perché l'Anna ha bisogno di me: sta traducendo (anche lei!) una conferenza del suo professore spagnolo e io la scrivo sul computer.

Penso che scriverò domani la seconda parte di questa lettera. Intanto hai già un po' di lavoro...

Ciao

Maria

17.

11.06.00

Here I am again.

Here it is raining at last. We have had about twenty days of stiflingly hot weather, with temperatures much higher that usual. It was very hard working in class (everyone was thinking about the sea, including the teachers) and even inside the house, which is usually very cool, there was no relief. The holidays have almost begun. Lessons have finished and we have exams until 30th June. It will be much less hard work than teaching. Lorenzo has to sit the state exams and then enrol in the university. Usually students are terrified by this exam: his sisters had a terrible time and I remember it was a nightmare. Lorenzo, on the other hand, seems very detached, studies "just enough", leaving himself time for other things, things that he may also find more satisfying. Last Wednesday he sprang a surprise on us: his scout group had written and prepared a series of sketches and our taciturn and absorbed Lorenzo revealed himself to be a brilliant actor, taking three different roles and receiving rapturous applause at the end. Let's hope he can give as good a performance in the exams.....!

Anna is about to submit her thesis and, unless something goes wrong, will defend it at the beginning of July.

Teresa is about to go to London and, if I have understood rightly, will be coming to visit you for the weekend with Sara. Would that be possible? If you are busy with work or family, please don't hesitate to cancel the arrangement: Scotland isn't far and there will be another time.

To finish, two "Italian language" matters by email:

[.........]

Ti saluto con affetto and please, when you have time, look at you diary to find a space on your calendar for a trip to Italy.

Maria.

P.S. Piero thanks you for your greetings. He doesn't know how to use email and delegates everything to me.

17.

11.06.00

Rieccomi.

Qui finalmente sta piovendo. Abbiamo avuto una ventina di giorni di caldo asfissiante, molto superiore alla norma. In classe era difficilissimo lavorare (tutti pensavano al mare! anche i professori) e anche nella mia casa, che di solito è molto fresca, non si trovava sollievo. Da oggi siamo quasi in vacanza. Le lezioni sono terminate e abbiamo gli esami fino al 30 di giugno. Sarà molto meno faticoso che fare lezione.

Lorenzo deve fare gli esami di stato, per poi iscriversi all'università. Di solito gli studenti sono terrorizzati da questo esame; difatti le sorelle hanno sofferto molto e lo ricordano come un incubo. Lorenzo invece sembra molto distaccato, studia "il giusto", come si dice, cioè lasciandosi spazio per altre cose, che forse gli danno anche più soddisfazione. Mercoledì scorso ci ha fatto una bella sorpresa: il suo gruppo scout aveva preparato uno spettacolo di scenette costruite da loro (sketch) e Lorenzo, il nostro silenzioso e assorto Lorenzo, si è rivelato un vero uomo di spettacolo: si è esibito in tre ruoli diversi e ha avuto applausi a scena aperta. Speriamo che sappia recitare bene anche all'esame...!

L'Anna sta per consegnare la sua tesi e, se non ci sono sorprese, la discuterà nei primi giorni di luglio.

La Teresa sta per partire per Londra e, se ho ben capito, dovrebbe venire con Sara da te un fine settimana. E' possibile? Se avessi dei problemi di lavoro o impegni di famiglia, non farti scrupolo a annullare tutto: la Scozia non è lontana e ci sarà un'altra occasione.

E per concludere due argomenti di "lingua italiana" via e-mail:

- la risposta al tuo quesito sul significato della parola "impressione": ha valore neutro, cioè positivo o negativo. Per precisarlo si deve aggiungere un aggettivo oppure affidare al contesto della frase il significato che intendiamo dare. Nel caso della Tate Gallery io ho capito che l'impressione era favorevole. Giusto?

-nelle mie lettere, di fronte al nome femminile metto l'articolo (l'Anna la Teresa, ecc.); come saprai non si dovrebbe farlo, è un toscanismo; ma, nello stile colloquiale, che è informale, è possibile e io lo preferisco, perché mi sembra più naturale. Si trova questo uso anche in letteratura.Ti scriverò la prossima volta degli esempi.

Ti saluto con affetto e ti prego di trovare nel calendario dei vostri impegni uno spazio per tornare in Italia - con calma

Maria

P.S.Piero ti ringrazia degli auguri. Non sa usare l'e-mail e delega tutto a me

18

30.06.00

Looking at my watch, I realised that at this very moment Sara and Teresa will be on their way to see you in Edinburgh. I am with them in thought and with this email. While I write, all the windows of the house are tightly closed to keep out the heat. You can only be comfortably outside in the morning until about midday but then you have to come inside. You will see that Teresa is wearing light clothes: she wouldn't listen to her mother and has packed without thinking about how far north England and, particularly, Scotland are.

At the moment the family is much reduced (even la nonna is away, on the coast), but we are as busy as ever: I only finished with the school exams three days ago, but I have to reorganise the registers; Lorenzo will have the orals of the state exam on 6th July and Anna is presenting her thesis on 4th July.... She spends every night looking over drawings, photos and prompt notes and "fighting" with the whims of the computer... There is something for everyone to do... Piero, who is officially "available", makes himself useful running errands for everyone. He has just come back from buying a stick of glue for Anna. But then he got changed and set off to Monte Morello. Lorenzo is going with him: he can't stay sit studying for more than a couple of hours at a time.

I must go now. One of my colleagues has arrived for a chat. But we won't talk about school: now it's the holidays.

Give as much news as you can about John, your daughters etc. etc. to Sara and especially to Teresa who will have the time to tell us all, so that we can feel that we all met up together. My thoughts go with you all.

Maria

18.

30.06.00

Ho guardato l'orologio e mi sono resa conto che Sara e Teresa in questo momento stanno viaggiando per raggiungervi ad Edimburgo. Le accompagno anch'io col pensiero e con questa e-mail. Mentre scrivo, le finestre di tutta la casa sono ben serrate, per non fare entrare il caldo. Solo la mattina, fin verso mezzogiorno, si sta bene anche fuori, ma poi bisogna entrare in casa.Vedrai che la Teresa è vestita con abiti leggeri: non ha voluto dare retta alla mamma, e ha fatto le sue valigie senza pensare quanto è a Nord l'Inghilterra e soprattutto la Scozia. In questi giorni la famiglia è ridotta ai minimi termini (manca anche la nonna, che è al mare), ma noi che siamo rimasti siamo in piena attività: io ho finito con gli esami della scuola solo tre giorni fa, ma devo ancora riordinare i registri; Lorenzo avrà gli orali dell'esame di stato il 6 di luglio e l'Anna discuterà la sua tesi il 4 di luglio. Passa la notte a rivedere disegni, foto, didascalie e a "lottare" con i capricci del computer. Ce n'è per tutti... Piero, che ufficialmente è "senza impegni", si rende utile sbrigando commissioni per tutti. È rientrato pochio minuti fa dall'aver comprato uno stick di colla per l'Anna. Poi però si è cambiato e ora è in viaggio per Monte Morello. C'è anche Lorenzo con lui: non sa stare a sedere a studiare più di un paio d'ore per volta.

Ora ti lascio. E' arrivata una mia collega per fare due chiacchiere con me. Ma non parleremo di scuola: ormai siamo in vacanza.

Racconta di te, di John, delle tue figlie, ecc. ecc. più che puoi a Sara e e soprattutto a Teresa, che avrà poi tutto il tempo di raccontarlo a noi, così avremo l'impressione di esserci visti tutti insieme. Vi seguo con il pensiero

Maria

19

10.07.00

Dear Caroline,

Thank you first of all for the warm welcome you gave to Teresa and Sara. They have so much to tell (but this is what I wanted!) about their trip to Scotland, the city and especially your house. They were amazed by the size of your house, the numbers of books arranged everywhere, the broadness of your and John's interests, your kitchen, your cooking and.......the parrot. That was a lovely surprise, for me too! All in all, they had a really good holiday, thanks to you.

In the past week we have had two important and conclusive events: the presentation of Anna's architecture thesis and Lorenzo's oral state exams. Anna got a distinction. This was very pleasing and was, I think, deserved, given the amount of work she did and the time it took her! Now new problems begin: it is not easy for an architect to find work, partly because, just out of university, they don't know how to do anything. Anna will have to get some experience working with an architect for nothing or almost nothing...

Lorenzo will not get his results until next week, but he came home from the exam very happy, because he spoke with ease and assurance, putting his famous shyness behind him.

Only now am I properly on holiday (I finished the exams on 27th, but then I had to help Anna with proof reading and printing out the text of her thesis).

Fortunately the hot weather has let up a little and I can spend the whole day doing what I want, including writing to a dear friend... One of the things I want to do is to learn how to send pictures by computer. As soon as I know how, I will send you one that I already have in mind...

I must stop.

Thank you again for having the girls to stay.

Write soon and tell me about you and John (if it is not too complicated to explain, I would love to know something about the book he is writing).

I hope your relatives' health is improving.

Abbraccio con affetto you and all the family

Maria

19.

10.07.00

Cara Caroline,

ti ringrazio prima di tutto per la calorosa ospitalità che hai offerto a Teresa e Sara. Non finiscono più di raccontare (ma è quello che volevo!) i particolari del loro viaggio in Scozia, della città e soprattutto della tua casa. Sono rimaste colpite dalla grandezza della tua abitazione, dalla quantità di libri sistemati dappertutto, dalla vastità dei vostri interessi, dalla tua cucina, dalla tua abilità di cuoca e – dal pappagallo. E' stata una bella sorpresa, anche per me! Insomma hanno fatto veramente una bella vacanza, grazie a te.

Nella settimana appena passata abbiamo vissuto due avvenimenti importanti e conclusivi: la discussione della tesi in architettura di Anna e gli esami di stato orali di Lorenzo. Anna ha avuto il massimo dei voti, con la lode. E' stata una bella soddisfazione, penso meritata, vista anche la mole e la lunghezza del suo lavoro! Ora però cominciano altri problemi: per un architetto trovare lavoro non è facile, anche perché, finita l'università, praticamente non sa fare niente. Anna dovrà fare esperienza in qualche studio, lavorando gratis o quasi....

Lorenzo saprà il voto solo la prossima settimana, ma è tornato dall'esame molto contento, perché ha esposto con disinvoltura e competenza, smentendo la fama di timidone.

Io vivo solo ora i miei primi giorni di vera vacanza (ho finito gli esami il 27, ma poi ho aiutato Anna correggendo e stampando al computer il testo della sua tesi).

Il caldo fortunatamente ci sta concedendo una piccola tregua e così posso sfruttare tutte le ore della giornata per fare quello che mi va, compreso scrivere a una cara amica.... Fra le cose che voglio fare c'è imparare a inviare immagini con il computer. Appena lo saprò fare, te ne invierò una, che ho già in mente..

Ora ti lascio.

Ti ringrazio di nuovo per l'accoglienza fatta alle mie figlie.

Scrivimi fra un po' e raccontami di te e di John (mi interessa, se non è troppo complicato, sapere qualcosa del libro che sta scrivendo).

Auguri per la salute dei tuoi.

Ti abbraccio con affetto insieme a tutta la famiglia

Maria

20.

3.09.00

Dear Caroline

As you can see from the email subject box, I have some good news to tell you: I shall be a grandmother in a few months time!

Anna is expecting a baby boy (or girl, we don't know which yet) in March. She told us just as we were leaving to go on holiday. We enjoyed this lovely news privately while we were in the mountains and now that we are back home we are spreading the news among our friends.

The funniest thing is that not one of us "experts" (neither I nor Anna) correctly interpreted the symptoms of pregnancy (nausea and vomiting) correctly. To think that we explained them away as gastritis brought on by stress and I was making her dishes of rice with oil and boiled potatoes!

Tomorrow school starts again: usually the end of the holidays has a depressing effect on me, but this new situation makes me feel differently about the beginning of the new year: problems loom less large and I am feeling calmer about the activities of the coming year.

I'll keep you informed of developments. One thing seems certain: that Anna will go and live with Simone in his house in the country about twenty kilometres from Sesto. I don't know if they have told you about it. It is a lovely Tuscan farmhouse, with a lot of land around it, with olives and other trees. Simone had already started on restoring it with the idea of doing agriturismo [similar to a French gîte]. In the meantime, he has to install the heating… they have also decided to get married, but they don't know if it will be before or after the birth of the baby.

You can probably tell from the way I am telling you all these things all the emotions I am experiencing; I am managing to stay calm and am keeping to myself (or at least keeping between friends) most of my thoughts and intentions to avoid being an over-interfering mother. But it's hard…!

Holidays in the mountains. We spent almost all of August in a place called Abetone about 80 kilometres from Florence. Here the mountains are not very high (about 2000 metres), but there are very beautiful beech woods, shady but light-filled at the same time, and best of all there are lots of friends there to go for walks with. We rent a house that stands alone in a wood, overlooking a valley as if from a terrace. There is a big meadow in front where you can sunbathe and read and, in the evening, look at the stars that you can't see in town any more. It is almost a farmhouse, with a small hencoop and a hut with rabbits that I look after. Since the children don't come with us (except now and

20.

3.09.00

Cara Caroline,

come ho anticipato nell'oggetto dell'e-mail, ho una buona notìzia da comunicarti: diventerò nonna fra qualche mese! Anna aspetta un bambino (o una bambina, ancora non lo sappiamo) per il mese dì marzo. Ce lo ha detto quando stavamo per partire per le vacanze. Ci siamo goduti questa bella notizia da soli mentre eravamo in montagna e ora che siamo tornati la stiamo diffondendo tra gli amici..Il bello è che i sintomi della gravidanza (nausea e vomito) nessuno di noi "esperte" (né io né l'Anna) all'inizio li aveva interpretati nella maniera giusta. Pensa che si spiegavano con una gastrite da stress e io le preparavo riso condito con l'olio e patate lesse!

Domani ricomincio con la scuola; di solito l'addio alle vacanze mi mette un po' di uggia, ma questa nuova situazione mi sta facendo vivere l'inizio dell'anno con un altro spirito: ridimensiono i problemi e prevedo con più serenità l'attività del prossimo anno. Ti terrò al corrente degli sviluppi.Una cosa sembra certa: che Anna andrà ad abitare con Simone nella sua casa di campagna a una ventina di chilometri da Sesto. Non so se te ne avevano parlato, è un bel casolare toscano, con molto terreno intorno, tanti olivi e altri alberi. Simone aveva già cominciato la ristrutturazione con l'idea di fare agriturismo.Intanto deve mettere il riscaldamento....Hanno deciso anche di sposarsi, ma non sanno ancora se prima o dopo la nascita del bambino.

Da come ti raccconto tutte queste cose potrai intuire con quanta emozione seguo tutta la vicenda; però mi controllo e tengo per me (o al massimo per le amiche) la maggior parte dei miei pensieri e dei miei progetti per evitare di essere una madre troppo invadente. Ma che fatica....!

Vacanze in montagna. Siamo stati per quasi tutto il mese di agosto in una località che si chiama Abetone a circa ottanta chilometri da Firenze. Qui le montagne non sono molto alte (intorno ai duemila), ma ci sono dei boschi di faggio molto belli, ombrosi e luminosi insieme, e soprattutto ci sono numerosi amici con cui fare le passeggiate. Prendiamo in affitto una casa che è isolata in un bosco e si affaccia su una vallata come da un terrazzo. C'è un gran prato davanti, dove si può stare a prendere il sole e a leggere e, la sera, a guardare le stelle, che in città non si vedono più. E' quasi una casa di campagna, c'è un piccolo pollaio e una stalla con dei conigli che io accudisco. Siccome i figli non vengono con noi (salvo qualche giorno) ospitiamo degli amici. Anche la nonna è venuta con noi perché il caldo a Firenze, dalla metà di agosto in poi, quest'anno è stato terribile.

Penso con una punta di invidia a chi fa le vacanze viaggiando, ma mi consolo pensando che fra un po', quando sarò in pensione, avrò più tempo libero e potrò fare anche questo.

then) we invite friends to stay. La nonna came too because the heat in Florence, from mid-August onwards, has been terrible this year.

I feel slightly jealous of those who travel for their holidays, but I cheer myself up by thinking that soon, when I have retired, I shall have more free time and will be able to do the same.

Piero agrees with me and plans, for one of our first trips, a journey to Edinburgh……We are looking at the photos that Teresa took and getting ready……..

How was your holiday? Send me your news and news of your girls.

Write when you have time – no hurry. Or perhaps it would be better if you look on the internet for a cheap ticket and come directly to Sesto with John? Anna found a cheap ticket to London with Ryanair (190000 return) and is at the moment at her sister's [Sara] for a visit and to catch up.

Ti abbraccio con affetto.

Remember that you are both always welcome here

Maria

Piero è d'accordo con me e progetta, fra le prime mete, un viaggio a Edimburgo. Guardiamo insieme le foto che ha scattato Teresa e ci prepariamo...

E il tuo viaggio come è andato? Vorrei notizie anche dei tuoi e delle tue figlie.

Senza fretta, quando hai tempo, scrivimi. O sarà meglio che tu cerchi su internet un biglietto economico, per venire direttamente a Sesto con John? Anche Anna, con la Ryanair, ha trovato un biglietto economico per Londra (190000 A e R) e in questi giorni è a casa della sorella per farle vìsita e parlare un po' con lei.

Ti abbraccio con affetto.

Ricordati che sarete sempre i benvenuti

Maria

21.

6.10.00

Dear Caroline,

I have put off writing this letter day after day in the hope of finding a moment to have a quiet proper "chat", but I have been overwhelmed with a thousand things to do in the first days back at school (meetings, entrance tests, etc. etc.) and this is why I am sending you a message more telegram than letter.

- Where, when, how will you both come to Tuscany? I gather it will be in July. Before or after your stay in the house you have rented, I hope you will come and stay with us. If you come by plane, book a flight that will allow you to spend some days in Florence. We would love to meet both your parents-in-laws and your daughters!

Grammar points:

I have marked some corrections on your letter which I am sending back separately. They are just little things. Your Italian is, as I have said before, correct and rich. Ask me anything you want: for me it is fun!

Saluti cari to you and to John.

A proper letter will follow (I don't know when)

Maria

[grammar notes]

[........]

Salutami tutti - spero che Anna sta stia bene (dopo i verbi che indicano opinione, speranza, ecc. come

credere, ritenere, temere) take the subjunctive.

I say you "ought" to use the subjective because even on the TV hardly anyone uses it now. We Tuscans use it instinctively, while the Romans eliminate it equally instinctively. And the law is dictated by the Capital.... However, continuing to use the subjunctive is a sign of a good understanding of the language: you English must help us to win this battle.

21.

6.10.00

Cara Caroline,

ho rinviato di giorno in giorno questa lettera nella speranza di trovare il momento di scrivere in tutta tranquillità una bella "chiacchierata"; invece sono stata travolta dalle mille cose da fare nei primi giorni di scuola (riunioni, test d'ingresso,ecc..ecc.) e perciò eccomi qui a scrivere un messaggio telegrafico.

- Dove, quando, come verrete in Toscana? Ho capito che sarà in luglio. Prima o dopo il vostro soggiorno nella casa che avete preso in affitto, spero che sarete nostri ospiti. Se venite in aereo, prenotate il volo tenendo conto anche dei giorni che passerete a Firenze Conosceremmo volentieri anche i tuoi suoceri o le tue figlie!

-Note grammaticali.

Ho fatto alcune correzioni direttamente sulla tua lettera, che ti rispedisco a parte. Si tratta di piccole cose. Il tuo italiano è, come ti ho già detto altre volte, corretto e ricco. Chiedimi pure tutto quello che vuoi: per me è un divertimento!

Saluti cari a te e a John

Seguirà (non so quando) una lettera vera

Maria

....

Note grammaticali.

- mi sono resa [reso?/ conto di essere incinta, nonostante l'uso di metodi per limitare la nascita [ci dev'essere un modo più' elegante per esprimere questo - scusa!].

Spesso usiamo questo eufemismo: " nonostante avessimo preso le dovute precauzioni.., ma è sempre più difuso l'uso del termine " metodi anticoncezionali " anche nel linguaggio quotidiano.

Ho dovuto Sono dovuta andare dalla Preside   Questa è una regola difficile anche per noi italiani:

l'ausiliare del verbo servile (dovere, potere, volere) è quello del verbo che segue. Esempio: Sono dovuta partitre, ma: ho dovuto mangiare, perché partire usa l'ausiliare essere per i verbi composti, (sono partito) e mangiare usa l'ausiliare avere(ho mangiato)

provisioni approvvigionamenti   facciamo tutto alla corsa [?]. di corsa

La lingua ungarese   ungherese

Maria's School

viaggi fuori citta' in corriera [pullman?] Noi, a Firenze, non usiamo quasi più il termine "corriera", che si riferiva ai servizi tra la città e i paesi vicini (Prato, Certaldo, ecc..), ora si preferisce il termine pullman o autobus. Il termine pullman si usa anche per indicare il bus noleggiato per viaggi in comitiva

Salutami tutti - spero che Anna sta stia bene (dopo i verbi che indicano opinione, speranza, ecc. Come credere, ritenere, temere) ci vorrebbe il congiuntivo.

Dico "ci vorrebbe" perché anche alla TV non Io sta usando quasi più nessuno.
Noi toscani lo usiamo istintivamente, mentre i romani lo eliminano altrettanto istintivamente. E la Capitale detta legge...Però è segno di una buona conoscenza della lingua mantenere il congiuntivo: aiutateci voi inglesi a vincere questa battaglia.

22.

2.11.00

Dear Caroline,

As I write it is pouring with rain outside. The stove downstairs is burning but the only person enjoying it is Piero who has stayed at home today with a heavy cold, making one phone call after another. Just over a week ago, Teresa started on her training (practical) in the hospital and each day she returns happier than the day before: it is clear that she enjoys combining study with an activity that is concrete and of obvious usefulness. Even if it took two years, it seems now that she has found the right path. Her "love story" with Toan, the Vietnamese boy that you met too, continues. As often happens with her, her love life is up one minute and down the next. Some days she is quite euphoric, others she is so touchy you can't go near her. Decision making about the future of a relationship is not easy. The one who is calm and even seraphic is Anna: she is working (currently without pay) in an architect's office very close to home, the morning sickness has finished, she has had her first ultrasound pictures and knows that it's a boy. La nonna is busy with needle and thread sewing clothes for her and a loose coat. Simone, her partner, is busy working on the house where they are going to live: there wasn't any heating, so they have to put in radiators and a boiler. Original as always, Simone was not content to put in a normal boiler: he has unearthed (on the internet I think) a boiler that runs on.......... pine nuts, or rather on the husks of pine nuts and almonds, with the waste left from the olives after pressing (sansa.......have you met this word?) and, fortunately, it can also run on wood. We tease him, counting up how many pine seeds they will have to crush up to warm themselves in winter, but Simone is very serious about it and doesn't rise to the bait and says that his boiler will heat the whole house and the barn.

Talking about olives, the olive harvest is beginning now on our hills. For our family, and not only ours, the arrival of the *novo* ["new" in Tuscan dialect] oil is a cause for celebration: there is the usual ritual of phoning the farmer (one of the few in this area who does this work full time) from whom we usually buy our oil. "Is it ready? Can we come?" We go in the evening when it is already dark because, as long as it is light, he stays in the field to *brucare* [select by hand] the olives. We go down into the cellar and, as he talks about himself or about the harvest (whether the olives are yielding well, i.e. if a high percentage of oil is obtained), he fills my big bottles with a beautiful green, perfumed oil from a an enormous terracotta jar. Back home, we taste it: by far the most expert is la nonna who pours a few drops of oil onto some bread and then gives her verdict: *"Bono! Sì, anche quest'anno gl'è bono!"* [Tuscan dialect: "Good! Yes, it's good this year too!"]. We keep a clear glass flask (so that you can see the colour of the oil) of oil on the table for two months or more and the menu is based around the new oil: spaghetti with oil, cauliflower with oil, boiled potatoes with oil….. I am not sure how much you

22.

2.11.00

Cara Caroline,

mentre ti scrivo fuori piove a dirotto. La stufa giù al piano di sotto è accesa, ma se la gode solo Piero che oggi è rimasto a casa, tutto infreddato, a fare una telefonata dopo l'altra. Teresa e Lorenzo sono nelle loro camere a studiare. Teresa ha cominciato da poco più di una settimana a fare tirocinio (pratica) in ospedale e ogni giorno torna sempre più contenta: evidentemente a lei piace unire allo studio un'attività concreta e dall'utilità ben visibile e, sia pure in ritardo di due anni, sembra che abbia trovato la strada giusta. Contina anche la sua "storia d'amore", con Toan, il ragazzo vietnamita che hai conosciuto anche tu. Il suo amore, come spesso le capita, è altalinante: certi giorni e tutta euforica altri invece ha un nervoso che non le si sta vicino. Chiarsi le idee sul proprio futuro affettivo non è facile. Chi invece è tranquilla e addirittura serafica è Anna:va a lavorare (per ora gratis) in uno studio a due passi da casa, le nausee sono finite, ha fatto i primi esami ecografici e ha saputo che è un maschio. La nonna sta lavorando con ago e filo per cucirle dei vestiti e una mantella ampia. Simone, il suo ragazzo, si sta occupando dei lavori nella casa in cui dovranno abitare: mancava il riscaldamento, quindi dovranno mettere i termosifoni e la caldaia. Originale com'è, Simone non si è contentato di una caldaia normale: ha scovato (credo su internet) una caldaia che va a...pinoli, o meglio, va con gusci di pinoli e di mandorle, con scarti della lavorazione delle olive (la sansa: conoscevi questa parola?) e, fortunatamente, va anche a legna. Noi li prendiamo in giro facendo il conto di quanti pinoli dovranno schiacciare d'estate per scaldarsi d'inverno, ma Simone, serio serio, non raccoglie le provocazioni e dice che con la sua caldaia scalderà tutta la casa e anche il fienile.

A proposito di olive, in questi giorni comincia la raccolta delle olive qui sulle nostre colline. Per la nostra famiglia e non solo, l'arrivo dell'olio "novo" è una festa: c'è il solito rito della telefonata al contadino (uno dei pochi della zona che fa questo lavoro a tempo pieno) da cui di solito si compra l'olio. "È pronto? Possiamo venire?" Si va da lui la sera tardi, a buio, perché finché c'è luce, sta nel campo a "brucare" le olive. Si scende nella cantina e da un orcio grande grande di terracotta, mentre racconta di sé o di come va la raccolta, (se le olive rendono, cioè se si ricava olio in percentuale abbondante) lui versa nei miei bottiglioni un bell'olio verde e profumato. A casa c'è l'assaggio: la più esperta in assoluto è la nonna che fa scendere qualche goccia d'olio sul pane e poi dà il suo giudizio: "Bono! Sì, anche quest'anno gl'è bono!" Per un paio di mesi e anche di più, in tavola si mette sempre l'ampollina di vetro bianco (per vedere il colore dell'olio) e il menu è in funzione dell'olio novo: spaghetti all'olio, cavolfiore e olio, patate lesse e olio....Non so se a questo punto ti interesserebbe essere nostra ospite in questo periodo....

Ora concludo in stile telegrafico, perché vedo che si è fatto tardi. Dunque, prima di tutto

would like to be staying with us at this time of year…

I'll close in a more telegrammatic style, since I see that it is getting late. So, your grammar questions, that I am more than happy to resolve:

[……]

Summer 2001. We know Barga because it is quite close to the place where we spend our holidays in August. It is a lovely village in an area, Garfagnana, with its own particular beauty, at first sight rather different from the usual idea of Tuscany because it is rather wild, but there are some delightful surprises. It is close to Florence too and so, if you really can't extend your holidays to include a visit to our house for a few days, we will find a way of meeting anyhow. We don't have any fixed plans for July but, as you rightly guessed, we may be occupied helping Anna.

Thank you for the invitation to Edinburgh: sooner or later we will come.

I have talked only about myself and the family. As you can imagine, I want to know all about you and your family. When you have time to write back, do the same: it will be like talking together over the meal table.

Cari saluti to you and to John

Maria

i dubbi grammaticali che risolvo sempre molto volentieri: la ragazza si è lavata i capelli, se li è lavati

Estate 2001. Conosciamo Barga perché è relativamente vicina al posto dove trascorriamo le vacanze d'agosto. È un paese suggestivo in una zona, la Garfagnana, di una bellezza particolare, a prima vista un po' lontana dai canoni toscani perché è un po' selvaggia, ma ci sono delle sorprese piacevolissime. E' vicina anche a Firenze e, se proprio non potete prolungare le vostre vacanze e venire a casa nostra per qualche giorno, troveremo comunque il modo di vederci. Non abbiamo programmi definiti per luglio ma, come hai giustamente pensato, forse saremo impegnati a dare un aiuto ad Anna.

Ti ringrazio dell'invito a Edimburgo: prima o poi ci verremo.

Ho parlato solo di me e di noi. Ti puoi facilmente immaginare che mi preme sapere di te e della tua famiglia. Quando avrai tempo per riscrivere fai altrettanto: sarà come essere in conversazione intorno a una tavola

Cari saluti a te e a John Maria

23.

8.12.00

Dear Caroline

No apologies. The rules are clear: in our email correspondence there are no fixed dates or strict time limits to be respected.....I mean it.... Otherwise when I want to write to you and I have time to do it, I'll have to give up this idea thinking "And what if Caroline can't reply?" So it's agreed: we write when we want to and when we can.

As for the CD player, yes we have one in the house and we call it the "thingy" for CDs: I can never remember the correct term. I'll find out from my pupils (brilliant when it comes to technological things, complete ignoramuses when it comes to grammar) and I'll let you know....... Meanwhile, thank you.

Now I'm going out to find an envelope to send you my little present: just to let you know, it's a calendar (the idea is not original, but when I saw it a while ago in the book shop at the Uffizi and found out that it is not for sale elsewhere I bought one immediately: they are reproductions of prints of Florence in the 18th century with delightful details of daily life; for us Florentines, the "Zocchi prints" are real classics). I'm also sending a magazine, a special number of Art e Dossier, published to coincide with the reinstallation of the statue of Perseus in the square [Piazza Signoria in Florence]: I bought one for myself too because it includes a very good CD-Rom about the Uffizi.

Auguri affettuosi e a presto

Maria

P.S. Remember to plan for a few extra days' holiday in Italy in July, if you can.

23.

8.12.00

Cara Caroline

Niente scuse. I patti sono chiari: nella nostra posta e-mail non ci sono scadenze e tempi rigidi da rispettare.... mi raccomando.... Altrimenti quando io ho voglia e tempo di scriverti, devo rinunciare pensando "E se Caroline non può rispondere?" D'accordo allora: si scrive quando ci va e quando possiamo.

Quanto al "suonatore di CD" noi in casa lo abbiamo e lo chiamiamo il "coso" per i CD: non riesco a memorizzare il termine esatto. Mi informerò dai miei alunni (bravissimi sotto l'aspetto tecnologico, molto asini in grammatica) e ti farò sapere. Intanto grazie.

Ora esco e vado a cercare una busta per spedirti il mio regalino: ti anticipo che è un calendario (l'idea non è originale, ma quando l'ho visto tempo fa al book shop degli Uffizi e ho verificato che sulle bancarelle non è in vendita, l'ho subito preso: sono riproduzioni di stampe della Firenze del 700 con gustosi particolare di vita quotidiana; per noi fiorentini " le stampe dello Zocchi" sono un classico). Ti spedisco anche una rivista, un numero speciale di Art e Dossier, uscita per la ricollocazione in piazza della statua del Perseo: l'ho presa anche per me perché c'è all'interno un CD-Rom sugli Uffizi molto ben fatto. Auguri affettuosi e a presto

Maria

P.S.Ricordati di programmare, se puoi, qualche giorno di vacanza in più in Italia a Luglio

24.

27.02.01

Dear Caroline,

At last I am at my computer with the intention of writing you a decent letter.

Let's begin with the "corrections" and suggestions in Italian:

I have marked them directly on your letter that I am sending back with underlinings and with the correction alongside, as we do for our pupils……. However, I should say that you would get a good mark since for such a long text there are really very few mistakes.

July holidays. You will stay with us on 21st and 22nd July: if we haven't managed to meet before that (but we will try to come to Barga if you have room to have us, or we can meet between the two places) we will have a bit of time to have a relaxed chat: last April you dashed in and out like lightening! Will you be hiring a car?

Italian course [European-funded course for teachers of Italian run by the British Institute in Florence]: I do hope that you will be allowed to come and above all I hope that you will come and stay with us again as you did three years ago. I hope we shall be able to discuss this properly in July when we meet. As for the subject of your project, I too would recommend No. 1. I could give you or get you some interesting material because the Education Section of the Uffizi has been going for thirty years and has interesting programmes for schools and recently there have been initiatives from the Florence town council.

Last week we had Carolyn staying with us. Like last year she was accompanying a group of her pupils studying Italian. Our pupils will return the visit in March, but this time I shall stay here because the exchange this time does not involve one of my classes. It is a wonderful opportunity, but the organisational difficulties mean that it is not popular: having to stand in for colleagues who are occupied with the hospitality or the journey gives rise to a certain amount of resistance. Of course coach trips with accommodation in hotels of at least three-star category organised by a travel agency have the same advantages as convenience foods.... but from the point of view of education and personal experience there is no comparison with an exchange. So we will stick to our guns and do the exchange again because the pupils and parents are really enthusiastic. By the way, I know that Carolyn is also applying to come on the Italian course.

How did the launch of John's Book of Hours go? [publication of John's book on the Murthley Hours by the British Library in conjunction with the National Library of Scotland] You must tell us all about it when we meet. Do you have any photos?

And now some of our news.

24.

27.02.01

Carissima Caroline

finalmente mi metto al computer con l'intenzione di scrivere una lettera decente.

Cominciamo con le "correzioni" e i suggerimenti di lingua italiana:

te li segnalo direttamente sulla tua lettera che rispedisco qui di seguito, sottolineati, con la correzione a fianco, come si fa con gli alunni....Direi però che ti meriteresti un bel voto perché su un testo così lungo gli errori sono veramente pochi.

Vacanze di luglio. Sarete da noi il 21 e il 22 di luglio: se non ci saremo potuti vedere prima (ma cercheremo di raggiungervi a Barga, se avete posto per ospitarci, o di incontrarci a metà strada) avremo modo di stare insieme con un po' di tranquillità: lo scorso aprile siete passati come un fulmine! Noleggerete una macchina?

Corso di italiano: spero proprio che ti autorizzino a venire e soprattutto vorrei tanto che tornassi da noi, come tre anni fa. Spero che ne possiamo parlare tranquillamente questo luglio, quando ci vedremo. Per l'argomento da scegliere, anch'io ti suggerirei il n° uno. Io potrei darti o farti avere del materiale interessante, perché ormai da trenta anni è in attività la Sezione Didattica degli Uffizi con programmi interessanti per le scuole e recentemente ci sono state iniziative anche da parte del Comune di Firenze.

La scorsa settimana abbiamo avuto ospite Carolyn che ha accompagnato, come lo scorso anno, un gruppetto di suoi alunni che studiano italiano. I nostri ricambieranno la visita nel mese di marzo, ma questa volta io resterò a casa, perché lo scambio quest'anno non riguarda una mia classe. Bell'esperienza, ma per le difficoltà organizzative non incontra molto favore: il fatto di dover sostituire i colleghi impegnati nell'accoglienza, o nel viaggio, crea dei resistenze che scoraggiano un po'. Certo, le gite sui pullman granturismo in alberghi ad almeno tre stelle, pacchetto agenzia, hanno il vantaggio dei....cibi precotti....., ma dal punto di vista didattico e dell'esperienza personale non c'è confronto con lo scambio! Cercheremo quindi di tener duro e di far ripetere l'esperienza perché gli alunni e i genitori sono veramente entusiasti. A proposito, so che anche Carolyn farà domanda per essere autorizzata a partecipare al cosrso di italiano.

Come è andata la presentazione del libro delle Ore di John? Mi racconterai tutto quando ci vedremo. Hai delle foto?

Ed ora qualche notizia su di noi.

Partiamo - dalla macchina ! Sì, la nostra valorosissima R4 rossa è andata in pensione, o meglio, ce l'hanno strappata quasi con la forza! A gennaio, quando l'abbiamo portata dal nostro meccanico per farle dare un'"occhiata", ci siamo accorti che si stava viaggiando

We are saying goodbye to........our car! Yes, our brave little red R4 has been retired, or rather, it was almost torn from us by force! In January, when we took it to the mechanic to have it checked over, we realised that we have been going around in it for more than a year without the *revisione di legge* [similar to MOT]. We added it up and decided that we needed to buy a new car. While waiting for the chosen car (a Renault Kangoo) to arrive, we went on using the R4, with an even more heart-felt affection for our dear car and in the secure belief that we would get away with it for those remaining few days. Instead.... Piero, who never puts on his safety belt, was stopped by the police a few metres from the house and, when his documents were inspected, it came out of course that they were not up to date. A hefty fine (more than 250000 lire) and the car went straight to the breaker's yard: not even the time for a souvenir photo!

Piero is becoming increasingly active in local politics and administration, and enjoying it too, it seems. He often presents questions (even if he is in the majority), periodically he prepares a printed newsletter that is sent by post to members and supporters (300 stamps to stick on and the same number of envelopes to be sealed which require assistance from the family: on these occasions, I don't know why, the house suddenly empties), he is in close contact with the local correspondents of the two daily newspapers published in Florence, which give a lot of space to his initiatives, to his great satisfaction..... You can imagine!

Sara is still in London. We hear from her every day. Since she moved house – she is now in a central area, they tell me – she seems happier. Certainly, she can't stay in London for ever, but she has not yet decided when and on what conditions she will return to Italy. I get the impression, however, that she only tells me 20% of what she thinks and feels...

Anna is calm and awaiting the birth with serenity. I naturally am careful not to change this state of mind. But I am very worried because I see around me at school so many children with disabilities resulting from a difficult labour, often unexpected. I am waiting with my breath held and I know already that when the moment comes I shall be full of anxiety.

A funny coincidence: her gynaecologist is one of my former pupils. I am much reassured by this fact because I know that she is a excellent person and well trained, as well as being genuinely fond of us. The only thing is, when the labour starts, we cannot be sure that she will be there. Enough of this hand-wringing. There are so many positive sides to this collective wait: la nonna has decorated a beautiful basketwork cot with pretty material and has got out the little sheets used for my children, all embroidered in a way you never see now. Simone, whom we rarely saw, taken up as he was with his plan for an agriturismo is now here almost every evening and is good company. Not to mention friends who have already begun to bring in little good luck presents. So, let's enjoy this atmosphere and wait with optimism. As soon as the baby is born I'll send you a message immediately.

da più di un anno senza la revisione di legge. Abbiamo fatto i nostri calcoli e abbiamo deciso che ci conveniva comprare una vettura nuova. Nell'attesa che la macchina scelta (una Kangoo Renault) arrivasse, si continuava ad usare la nostra R4, con un affetto ancora più struggente per il nostro caro mezzo e con la fiduciosa certezza di farla franca, ancora per quei pochi giorni in cui la usavamo. Invece....Piero, che non mette mai la cintura, si è fatto fermare dai vigili a pochi metri da casa e, al controllo dei documenti, naturalmente è venuto fuori che non eravamo in regola con la revisione. Multa salatissima (più di 250000 lire) e subito la macchina alla rottamazione: neanche il tempo di una foto ricordo!

Piero si occupa sempre più attivamente di politica e di amministrazione locale, divertendosi anche, sembra. Presenta spesso interrogazioni (anche se è nella maggioranza), prepara periodicamente un notiziario stampato che invia per posta a iscritti e simpatizzanti (300 francobolli da attaccare e altrettante buste da chiudere richiedono anche l'aiuto della famiglia: in queste occasioni, non si sa perché, in casa si fa il vuoto), è in contatto strettissimo con i corrispondenti locali dei due quotidiani che escono a Firenze, che danno molto spazio alle sue iniziative, con sua grande soddisfazione... te lo puoi immaginare!

Sara è ancora a Londra. La sentiamo tutti i giorni: Da quando ha cambiato casa - ora è in una zona centrale, mi dicono- la sento più contenta. Certo, non potrà stare in eterno a Londra, ma ancora non ha deciso quando e a quali condizioni tornerà in Italia. Comunque, io ho l'impressione che mi racconti il 20 % di quello che pensa e di quello che sente....

Anna è tranquilla. Aspetta il parto con serenità e io naturalmente mi guardo bene dall'alterare questo stato d'animo. Ma sono molto preoccupata perché vedo intorno a me nella scuola tanti bambini con handicap che dipendono da parti difficili, spesso imprevisti. Sto con il fiato sospeso e so già che, quando sarà il momento, starò molto in pena.

Una curiosità: lo sai che la sua ginecologa è una mia ex alunna? Questo fatto mi rassicura molto, perché la conosco come una persona bravissima e preparata, oltre che mossa da affetto sincero per noi.Solo che, al momento del parto, non è sicuro che ci sarà lei. Ma ora basta con le angosce. Ci sono tanti aspetti positivi di questa attesa collettiva: la nonna ha rivestito una bella culla di vimini con un simpatico tessuto, ha tirato fuori i lenzuolini dei miei figli, tutti ricamati come ora non si usa più,; Simone, che prima si faceva vedere molto di rado, preso com'era dal lavoro e dalla cura del suo "futuro agriturismo", ora è qui quasi tutte le sere e ci fa una gran compagnia. Per non parlare di amici e amiche, che hanno già cominciato a portare regalini di buon augurio. Dunque, godiamoci questo clima e aspettiamo con fiducia. Appena sarà nato, ti manderò subito un messaggio.

Teresa sembra aver trovato finalmente la sua strada: ha già dato due esami con buoni voti e continua a fare il suo tirocinio (alzandosi anche alle sei del mattino senza lamentarsi).

Teresa seems finally to have found the right thing for her: she has already passed two exams with good marks and is continuing with her training (getting up at six in the morning without complaining). She spends 99.99% of her free time with her boyfriend Toan and so gets made fun of by her sister Anna who has, from her point of view a "man" who is less "clinging".

Lorenzo is doing Physics, one of the most challenging courses here in Florence. When I manage to see his face (he has not cut his hair for a year and it is all over his face), his expression is gloomy and worried. I am pleased, however, that he is not giving up and everyone at home is behind him.

I'll stop now. In fact, I wrote this letter is three stages and if I put down everything I have to say I would never finish. And then, this summer, I hope we shall have lots of time just for us.

Today is the last day of Carnival, *martedì grasso* [Shrove Tuesday] and tradition has it that I should prepare either *cenci* or *schiacciata alla fiorentina* [Carneval specialities based on sugar, flour and eggs]. I have decided, however, to buy them at the Coop.

Ciao. Ti abbraccio con affetto. Cari saluti a John

Maria

P.S. I'll try and send you the photo we took on the day of Anna's thesis: I have learned how to use the scanner at last! I hope it arrives.

Condivide con il suo ragazzo, Toan, il 99,99% del suo tempo libero e così si fa prendere in giro dalla sua sorella Anna che, invece, ha un "uomo", dal suo punto di vista, meno "appiccicoso".

Lorenzo sta frequentando Fisica, una delle più ostiche in assoluto qui a Firenze e deve faticare molto. Quando riesco a guardarlo in viso (perché i capelli che non taglia da un anno gli scendono sempre sugli occhi) gli vedo un'espressione corrucciata e perplessa. Sono contenta però che non si arrenda e tutti, in casa, si fa il tifo per lui.

Ora chiudo. Ho scritto questa lettera addirittura in tre fasi e se do retta a quello che ho da raccontare

non finisco più. E poi questa estate avremo tanto tempo, spero, tutto per noi.

Oggi è l'ultimo giorno di carnevale, martedì grasso, e per rispettare la tradizione dovrei preparare o "i cenci" o "la schiacciata alla fiorentina". Ho deciso però che li comprerò alla Coop.

Ciao

Ti abbraccio con affetto

Cari saluti a John

Maria

P.S. Provo a mandarti la foto che ci siamo fatti il giorno della tesi dell'Anna: finalmente ho imparato a usare lo scanner! Spero che ti arrivi.

25.

24.04.01

I only read your message of good wishes today: I have not been spending much time at my computer since Giovanni was born!

Anna must (which is to say, ought to) study for the state exam that she has to take after her degree in order to practise as an architect and for this reason we are all mobilised to give her a hand. While she and Simone always see to things during the night, during the day we have a pretty demanding rota … and there is work for everyone…. including Lorenzo!

I send my affectionate wishes to you and John and will postpone until the first holiday from "domestic" duties – or else until July when, I'm sure, for us and for you, there will be plenty of available time – a full account of our experiences as grandparents.

Ciao

Maria

25.

24.04.01

Ho letto solo oggi il tuo messaggio di auguri: non passo più molto tempo al computer da quando è nato Giovanni!

Anna deve (anzi, dovrebbe) studiare per l'esame di stato che dopo la laurea deve sostenere per esercitare la professione di architetto e per questo siamo tutti mobilitati per darle una mano.E se di notte provvede sempre lei con Simone, durante il giorno ci sono dei turni a catena piuttosto stressanti.... e c'è lavoro per tutti... anche per Lorenzo!

Mando a te e a John i più affettuosi auguri e rinvio alla prima occasione di vacanza "domestica" - o altrimenti, al mese di luglio, quando sicuramente, per noi e per voi, ci sarà abbondanza di tempo a disposizione - il racconto diretto delle nostre esperienze di nonni

Ciao

Maria

26.

16.05.01

Dear Caroline

Since one of my friends has had some problems with sending email (in fact she had to send them through the school computer because they were not going from her's), could you send me a short note to let me know if you got my letter of April. This isn't a request for a long reply: we have agreed that we write when we can. I just need an O.K. to reassure me from the....technical point of view. And to let you know, in case my email never reached you, that I haven't forgotten you.

Thanks

Maria

26.

16.05.01

Cara Caroline,

visto che una mia amica ha avuto dei problemi con la spedizione delle e-mail (ha dovuto infatti spedirle dal computer di scuola perché dal suo non arrivavano), vorrei un brevissimo cenno per sapere se ti è arrivata la mia lettera dell'aprile scorso. Non è la richiesta di una lunga risposta: siamo d'accordo che ci scriviamo quando si può. Mi basta solo un o.k. per rassicurarmi dal punto di vista...tecnico. E per farti sapere, nel caso che non ti fosse arrivata la mia e-mail, che non mi sono dimenticata di te

Grazie

Maria

27.

24.06.01

Two quick things: the party for the baptism of our grandson Giovanni is just coming to an end.......

It's fine for July: you and your husband can stay with us and so can your daughter and her partner. It will be a pleasure!

I'll write about October tomorrow when things have calmed down. (We had about 100 people...... the last are going away now........ or are they?)

A presto

Maria

27.

24.06.01

Due parole brevissime: si sta concludendo la festa di battesimo del nostro nipotino Giovanni....

Va benissimo per luglio: potrete stare da noi sia tu e tuo marito, sia tua figlia con il suo partner. Sarà un piacere!

Per ottobre ti scrivo con più calma domani. (abbiamo avuto circa cento persone.... gli ultimi se ne stanno andando via adesso... oppure no?)

A presto

Maria

28.

26.06.01

Dear Caroline,

I'm writing now things have quietened down a bit, but not as much as I would like: the house is still in chaos after the christening party, and furthermore I still have some things to do at school (reports, organising new classes, preparing material for next year...). But given that you will be in Italy in a couple of weeks and we will be seeing each other, I'll postpone until then an account of our doings.

Anyway, as I wrote in my last email, there are no problems about putting you up around 20thJuly.

We hope to come and see you in Barga. If there is room for us to stay for a couple of days, well and good, otherwise we will come from the day: we have a new car, more comfortable than our old R4, and with the advantage of air conditioning, so that a journey of several hours holds no fears for us now.

We'll phone to get in contact and fix the date,. Talking of which, are you sure your mobile can receive calls in Italy as well? I ask because Sara, who has the same prefix, has to use another mobile while in Italy. In any case, I'll give you our phone number again:

[055......................] (home)

[......................] (Piero's mobile)

October in Italy

We all want to have you here with us. And we want you, or no one.

If it's not too late, it might be better to talk about this when you are with us in July. I would like you to see the new bedroom arrangements first. There have been some changes in the household organisation, so that your room would not be the same one as two years ago.

I'll stop now because it is getting late (I too find it difficult to find the right words to express what I think......) and I must go to into school.

Con tanto affetto e amicizia ti saluto

Maria

28.

26.06.01

Cara Caroline,

ti scrivo con un po' più di calma, ma non quanta ne vorrei: c'è ancora tanta confusione in casa, dopo la festa di battesimo, e inoltre a scuola mi sono rimaste alcune cose da fare (relazioni, formazione nuove classi, riordino del materiale per il prossimo anno)... Ma dato che fra un paio di settimane sarete in Italia e ci vedremo, rimando a quell'occasione il racconto delle nostre vicende.

Dunque, come ti ho già scritto nell'e-mail precedente, non ci sono problemi per ospitarvi intorno al 20 di luglio.

Noi speriamo di venire a trovarvi a Barga. Se ci sarà il posto per rimanere da voi un paio di giorni, bene, altrimenti faremo una visita dalla mattina alla sera: abbiamo una nuova macchina, più confortevole della nostra vecchia R4, e soprattutto con l'aria condizionata, per cui un viaggio di qualche ora non ci spaventa.

Per metterci in contatto con voi e fissare la data, ci telefoneremo. A proposito, sei sicura che il tuo cellulare riceva le telefonate anche in Italia? Te lo chiedo perché Sara, che ha lo stesso prefisso, in Italia deve usare un altro cellulare. Per ogni buon conto ti riscrivo il nostro numero di telefono

055 [......] (casa)

[...........] (cellulare di Piero)

Ottobre in Italia.

Noi tutti desideriamo averti qui, a casa nostra. E desideriamo te, o nessun altro.

Se non fosse troppo tardi, sarebbe però meglio riparlarne quando sarete qui da noi in luglio. Vorrei difatti che tu potessi vedere quale sarebbe la tua sistemazione. C'è stato qualche cambiamento nella organizzazione familiare, per cui la tua stanza non sarebbe la stessa di due anni fa.

Chiudo velocemente, perché si è fatto tardi (anch'io faccio fatica a trovare le parole giuste per esprimere quello che penso....) e devo andare a scuola.

Con tanto affetto e amicizia ti saluto

Maria

29.

29.07.01

Dear Caroline,

How is it possible that when you are on holiday you have less time to do the things you want to do? This is the third time that I have tried to answer your letter and every time I have had to stop half way through! Solution: telegraphic style.

I have already phoned the British Institute and told them that I am ready to offer you hospitality in October. The woman I talked to (who has only been dealing with the organising for a few months) noted it down and, indeed, seemed very pleased to have already got accommodation for one person sorted out.

It has been suffocatingly hot for the last few days. I am suffering and am living more or less buried alive in the darkness of the house. The only consolation (I am an incurable optimist) is that this heat wave only began after your departure and was not an impediment to our and your lives as tourists. What a lovely day we spent with you all!

I'm now counting down to our departure for the mountains, looking forward to escaping from the heat which prevents me from working or even from thinking. Perhaps I should have been born in Scotland?

Un abbraccio affettuoso to John too

Cari saluti to Becky and Dom. (I hope their holidays went well, without any further disasters, at least in Prague) [Becky had her handbag stolen in Florence].

Maria

29.

29.07.01

Cara Caroline

Come è possibile che quando si è in vacanza si abbia meno tempo per fare le cose che ci premono? È la terza volta che provo a risponderti e sono ogni volta costretta ad interrompermi! Conclusione: stile telegrafico.

Ho già telefonato al British Institute e ho segnalato la mia disponibilità ad ospitarti in ottobre. La signora con cui ho parlato (che si occupa dell'organizzazione solo da pochi mesi) ha preso nota e, anzi, mi è parsa molto contenta di avere già risolto una sistemazione.

Il caldo è soffocante da diversi giorni. Io lo soffro molto e faccio praticamente la sepolta viva nella penombra della casa. L'unica consolazione (io sono una inguaribile ottimista) è che questa afa è cominciata solo dopo la vostra partenza e non è stata di ostacolo alla nostra e vostra vita da turisti. Che giornata piacevole abbiamo passato insieme a voi!

Ora aspetto la partenza per la montagna facendo il conto alla rovescia, soprattutto per sottrarmi al caldo, che mi impedisce di lavorare e anche di pensare. Forse dovevo nascere in Scozia!?

Un abbraccio affettuoso anche a John.

Cari saluti a Becky e Dom. (Spero che le loro vacanze siano filate lisce, senza altre disavventure, almeno a Praga.)

Maria

30.

3.09.01

A quick note to tell you an idea that came to me when looking at the calendar: why don't you arrive in Italy a bit early, on Friday 19th [October] or at the latest on Saturday 20th? You could also postpone your departure date, if you don't have any school obligations, to the 3rd or 4th November. And could John come with you or join you at our house at least for a weekend during this period, if he could find a suitable flight? Think about it and book the flight.

Thank you for your letter of yesterday. I too will write soon to tell you about my holidays.........in the sun..

Maria

30.

3.09.01

Due righe veloci per un'idea che mi è venuta guardando il calendario: perchè non anticipi il tuo arrivo in Italia a venerdì 19 o al più tardi a sabato 20?

Potresti inoltre spostare la partenza, se non hai impegni di scuola, al 3 o 4 novembre. E John, potrebbe accompagnarti o raggiungerti a casa nostra almeno per un week-end, all'interno di questo periodo, se trova un volo conveniente? Pensaci, e prenota l'aereo.

Grazie della tua lettera di ieri. Ti scriverò anch'io presto delle mie vacanze....al sole

Maria

31.

7.10.01

Dear Caroline,

I don't know if the information from the British Institute about where you will be staying has reached you already, but anyhow I was phoned by the woman who deals with accommodation with the confirmation that you will be staying with us. So we can start to make arrangements for your arrival: if you are arriving at Florence airport, let me know what time and we will be there to meet you. If you are arriving at Pisa, on the other hand, it would be better if you phoned me, either from the airport, before getting the train, or from the station. If you are landing at Pisa I can look up the train times and send them to you.

I suggested to some of my colleagues that they might offer to put up some of the English teachers: it is almost certain that Carolyn will be put up by my colleague who led the group of pupils in London for the exchange and who has become a friend. We'll be a great group!

If you are still planning to do your research project on educational activities for children in museums (have I remembered right?), let me know: I'll begin collecting ideas and material to give you a hand. Meanwhile, you could have a glance at this internet site:

www.nuovopalazzoveccio.org:

I haven't yet "visited" it but, according to the publicity about it, it seems to be well done and very suitable for your project.

You will find some changes in our family. Endrio [a former pupil of Maria's] has gone back to his parents and comes to us only at the weekend for a visit or for supper because during the week he is working from 4 in the afternoon until late at night.

Lorenzo, after much soul-searching has decided to leave the Physics faculty in favour of Law.

I'll give you further comments and details about all these things in person: we'll have time, I hope, to talk about this and much more!

Ti abbraccio and renew the invitation to John to come and join you if he can.

A presto

Maria

31.

7.10.01

Cara Caroline,

non so se dal British Institute ti è arrivata già la comunicazione di dove sarai sistemata; io comunque ho sentito per telefono la signora che cura l'organizzazione e ho avuto la conferma che sarai da noi. Possiamo perciò cominciare a prendere accordi per il tuo arrivo: se arrivi all'aeroporto di Firenze, fammi sapere l'orario e noi saremo lì ad accoglierti. Se invece arrivi a Pisa sarà meglio che mi telefoni, o dall'aeroporto, prima di prendere il treno, o dalla stazione. Se atterri a Pisa, posso guardare gli orari dei treni e scriverteli.

Ho suggerito anche ad alcuni miei colleghi di dare la loro disponibilità per ospitare i docenti inglesi: è quasi sicuro che Carolyn sarà ospitata da quella mia collega che ha guidato i nostri alunni a Londra per lo scambio e che è diventata sua amica.

Potremo formare un bel gruppo!

Se sei sempre dell'idea di svolgere il tuo lavoro di ricerca sulla didattica per i ragazzi nei musei (ricordo bene?), fammelo sapere: comincerò a raccogliere delle idee e del materiale per darti una mano. Intanto, se vuoi, dai un'occhiata a questo indirizzo internet:

www.nuovopalazzovecchio.org:

io non l'ho ancora "visitato", ma sul manifesto che lo pubblicizzava sembrava ben fatto e "ad hoc" per il tuo scopo.

Troverai qualche novità in famiglia: Endrio è tornato dai suoi genitori e viene da noi solo il fine settimana per una visita o per una cena perchè durante la settimana lavora dalle 16 fino a notte inoltrata.

Lorenzo, dopo una lunga e sofferta valutazione, ha deciso di lasciare la facoltà di Fisica e di scegliere Giurisprudenza.

I commenti e i dettagli su questi fatti te li darò a voce: avremo del tempo, spero, per raccontarci questo e altro!

Ti abbraccio e rinnovo l'invito a John a raggiungerci, se può.

A presto

Maria

32.

19.10.01

Are you ready? Pack an umbrella as well because, unfortunately, at least for the first days of the coming week, the forecast is for rain. Pity, because until today the temperature during the day was almost like summer. Just think, we are still having lunch [Maria uses the word desinare, Tuscan dialect for pranzare] in the garden and until last Saturday we had supper there too. I hope you will get at least a remnant of summer!

I'll be at the airport at 15.50.

See you very soon.

Greetings to John.

Maria

32.

19.10.01

Sei pronta? Metti in valigia anche l'ombrello, perché purtroppo, almeno per i primi giorni della prossima settimana, le previsioni danno pioggia. Peccato, perché fino ad oggi le temperature, durante il giorno, sono state quasi estive. Pensa che noi desiniamo (cioè pranziamo) ancora in giardino, e fino a sabato scorso vi abbiamo anche cenato. Spero che ti tocchi almeno uno scampolo d'estate!

Sarò all'aeroporto alle 15,50.

A prestissimo

Saluti a John

Maria

33.

27.11.01

Dear Caroline,

I haven't disappeared into thin air! My long silence is due only to the demands of work and as a grandmother. A further obstacle was the telephone to which we connect the internet: we took it to be mended and remained cut off for about a week. But here I am now to thank you for your letter and bring you up to date, albeit briefly, with the family news.

Sara, as I told you, is here for a few days for her birthday (32). She managed to get a ticket at knockdown price (£20). However, I hardly saw her, since she was always out with friends or shopping; as a good emigrant, when she comes home she pours her hard-earned money into the pockets of Italian shopkeepers. She seems to be enjoying her job; she has got to know a group of Italian girls in London and goes out with them. She is not yet talking about returning to Italy. We shall see!

Anna and Simone are continuing their parenting … part-time; luckily for them and to our delight.

Lorenzo has finally decided to cut his hair. He organised all this himself and for very practical reasons: it was becoming very difficult to wash, dry and, especially, untangle such a mass of hair. He did it without warning us. You can imagine how surprised and delighted we were to see him recover his "human" appearance once more: to celebrate, we opened an bottle of sparking wine at supper! The afternoon when he went to the hairdresser's we had noticed him looking (unsuccessfully) for his camera. He told us later that he wanted a photo of his hairstyle as a souvenir but had not been able to do it. If among the photos you took at our house there is one of Lorenzo and his hairdo, could you keep it for us and bring it next time you come? It will be a useful reminder.

As for the rest of the family and our life, everything goes on as usual: we have seen many of the friends whom you met here and they immediately asked after you, paying you a nice indirect compliment: they said that we Bosis are very fortunate to have a friend like you, and, naturally, I agreed. Piero wasn't present so wasn't able to add one of his sarcastic jokes…

A few days after you left the good weather came to an end and here too the days are misty and short. Your white cyclamen is still flowering and may still look nice at Christmas.

I'll stop here because I have some homework to correct.

Ti abbraccio con affetto and, when you are planning your holidays with John, remember

33.

27.11.01

Cara Caroline,

non sono sparita nel nulla! Il mio lungo silenzio è dovuto semplicemente ad un "ingorgo" nelle mie attività di lavoro e di nonna. Ci si è aggiunto anche l'apparecchio telefonico a cui colleghiamo internet: l' abbiamo portato ad accomodare e siamo rimasti isolati per circa una settimana. Ma ora eccomi a ringraziarti della tua lettera e ad aggiornarti, sia pure velocemente, sulle vicende di famiglia.

Sara, come già ti avevo detto, è qui da noi per qualche giorno in occasione del suo compleanno (32 anni). Ha trovato un biglietto a prezzo stracciato (20 sterline). Io però l'ho appena vista, dato che è sempre in giro con amici o per negozi; da brava emigrante, quando torna in Italia, riversa valuta pregiata nelle tasche dei commercianti connazionali. Sembra contenta del lavoro; a Londra si è fatta un gruppetto di amiche italiane e esce con loro. Ancora non parla di ritornare in Italia. Vedremo!

Anna e Simone continuano a fare i genitori...part- time; per loro fortuna e con nostro piacere.

Lorenzo ha finalmente deciso di tagliarsi i capelli. Ha fatto tutto da sé e per motivazioni molto pratiche: diventava una cosa fastidiosa lavare, asciugare e soprattutto snodare quella gran massa di capelli. L'ha fatto senza avvertirci.Ti puoi immaginare quindi la sorpresa e la gioia nel vederlo riprendere un aspetto "umano": a cena abbiamo stappato, dalla contentezza, una bottiglia di spumante! Il pomeriggio che è andato dal parrucchiere l'abbiamo visto cercare (senza risultato) la sua macchina fotografica. Ci ha detto poi che voleva una foto ricordo della sua capigliatura e invece non l'ha potuta fare. Se tra le foto che hai scattato a casa nostra ce n'è una con Lorenzo e la sua capigliatura, facci il piacere di conservarcela e di portarcela alla prima occasione: sarà un utile pro-memoria.

Per il resto della famiglia e della nostra vita tutto procede regolarmente: abbiamo rivisto molti degli amici che hai conosciuto anche tu e subito mi hanno chiesto di te, facendoti indirettamente un bellissimo complimento: mi hanno detto che noi Bosi siamo molto fortunati ad avere un'amica come te, e io naturalmente gli ho dato ragione. Piero in quel momento non c'era e quindi non ha potuto commentare con una delle sue affettuose cattiverie...

Qualche giorno dopo la tua partenza è finito il bel tempo e anche qui le giornate sono nebbiose e brevi. Il tuo ciclamino bianco continua a fiorire, e forse sarà bello anche per Natale.

Concludo la lettera perchè ho diversi compiti da correggere.

that we are expecting you "chez nous".

A presto

Maria

Ti abbraccio con affetto e, quando programmi con John una vacanza, ricordati che noi vi aspettiamo "a casa"

A presto

Maria

34.

3.02.02

Only today, after almost a month of technical problems with our two computers, have I been able to read the mail where I found your message.

The photos are lovely and very welcome. Thank you also for the calendar. I apologise for not writing sooner, but I kept hoping that the email would start working again! With regards to the engaged couple [an Italo-Scottish couple based in Edinburgh hoping to get married in Italy], I hope to be able to help you, but I am not an expert on the subject: in this family we have not had even one wedding since mine...

It sounds as if your houseful of young people for New Year must have been fun.

Sorry for this disjointed letter and conversational style: I'm writing on a computer different from mine and I'm not sure if I will manage to send you this text....

Ti abbbraccio con tanto affetto e nostalgia

Maria

34.

3.02.02

Solo oggi, dopo quasi un mese di problemi tecnici ai due computer, ho potuto leggere la posta e ho trovato la tua e-mail.

Le foto sono belle e graditissime.Grazie anche per il calendario. Mi scuso se non ho scritto prima, ma speravo sempre che la posta e- mail riprendesse a funzionare! Sul problema dei due fidanzati spero di poterti dare un aiuto, ma io non sono un'esperta in materia: in famiglia non abbiamo avuto neanche un matrimonio, dopo il mio....

Chissà che allegria con tutti quei giovani per casa per Capodanno.

Scusa questi discorsi spezzati,stile conversazione: sto scrivendo con un computer diverso dal mio e non sono sicura che poi mi riuscirà spedirti il testo....

Ti abbraccio con tanto affetto e nostalgia

Maria.

35.

21.02.02

Dear Caroline,

At last I can sit down and write without the pressure of time: the 1st quarterly exams are finished, two days ago we saw off the English visitors (Carolyn and her group) at the airport, and Giovanni is playing with Tata [Auntie] Marta (the woman who comes twice a week and who, as I may have told you, looked after Teresa and Lorenzo).

We have had enormous problems with the computers, both the desktop and the portable one, and for several weeks we were cut off and remained incommunicado. Carolyn and her pupils' visit had to be organised by a colleague because I was unable to communicate with her. They arrived on 14th; unfortunately Carolyn fell ill and spent a couple of days "admiring" the walls of my bedroom. She was able to come on the trip to Siena.... in the pouring rain, however, since, after two months of drought, it began to rain precisely on the day of the excursion. She seems pleased to have been able to come with her pupils to Italy once again this year. Unfortunately, we are not visiting them in return because our head teacher has stopped all trips abroad for reasons of security as a result of the events of 11th September.

But to get to the most important subject, that I was not able to tell you sooner because of the problems with the computer: about a fortnight ago, Anna and Simone told us they were getting married on 25th March. It is a Monday, an unusual day for a wedding (here people generally choose Saturday or Sunday), particularly since we are in Lent, but the date is a religious festival that is much observed in Florence, the Feast of the Annunciation, and since Anna and Simone want to do things very informally this seems a good date to choose. The tight timetable for preparing for the wedding also necessitates – or rather favours – the elimination of too many formalities: no invitations, no *bomboniere* [little bags or dishes of sugared almonds given to guests at Italian weddings]. However, there will be a reception and it must be for everyone: on this both the couple and the parents are agreed. But since the place chosen for the reception is our house, which may be very big but cannot accommodate an army, we plan to celebrate "by instalments", with groups according to age and degree of relationship.... I notice with pleasure that our closest friends have declared themselves happy with this solution. We are planning to hold a party for the friends of we parents when Simone's house at Le Croci is ready: that way it could also be a house-warming. We shall see! One thing is certain: as soon as the date is fixed, I shall let you know because, especially if it is in the summer, we would like you both to be here!

Other news: Piero is very taken up with administrative and, recently, political business. You will have seen in the papers that the Margherita [lit. "daisy". A centre-left political

35.

21.02.02

Cara Caroline,

finalmente mi metto a scrivere senza l'assillo del tempo: sono finiti gli scrutini del I quadrimestre, abbiamo riaccompagnato, due giorni fa, gli ospiti inglesi (Carolyn e il suo gruppo) all'aeroporto, e Giovanni sta giocando con la Tata Marta (la donna che viene due volte la settimana, e che è stata, come forse ti ho già detto, anche la tata di Teresa e Lorenzo).

Abbiamo avuto problemi enormi con i computer, quello fisso e quello portatile, e per varie settimane siamo rimasti isolati e "muti". La visita di Carolyn e dei suoi alunni difatti è stata organizzata da una collega, perchè io non potevo comunicare con lei. Sono arrivati il 14; Carolyn purtroppo si è ammalata e ha passato un paio di giorni ad "ammirare" le pareti della mia camera. Ha partecipato solo alla gita a Siena... sotto l'acqua, perché, dopo due mesi di siccità, si è messo a piovere proprio il giorno della nostra uscita. Mi è parsa comunque soddisfatta di aver potuto accompagnare anche quest'anno i suoi alunni in Italia. Noi, purtroppo, non ricambiamo la visita perché la nostra Preside, dopo i fatti dell'11 settembre, ha bloccato i viaggi all'estero per motivi di sicurezza.

Ma veniamo all'argomento più importante, che non ti ho potuto dire prima, per i problemi del computer: circa quindici giorni fa, Anna e Simone ci hanno detto che si sposeranno il 25 di marzo. È lunedì, un giorno un po' insolito per i matrimoni (da noi si sceglie in genere il sabato, o la domenica) soprattutto perché siamo in Quaresima, ma è il giorno di una festa molto sentita a Firenze, l'Annunciazione, e siccome Anna e Simone vogliono fare le cose in modo informale, anche la data sembra quella giusta. Anche i tempi stretti per la preparazione della festa impongono, o meglio, favoriscono, l'eliminazione di tante formalità: niente partecipazioni, niente bomboniere. Però, la festa ci sarà e dovrà essere per tutti: su questo siamo d'accordo sposi e genitori. Ma siccome il luogo scelto per il ricevimento è la nostra casa, che è sì grande, ma non può ospitare un esercito, faremo una festa "a puntate", per fasce di età e gradi di parentela.....Vedo con piacere che gli amici più stretti collaborano dichiarandosi disponibili e contenti di questa soluzione. Siamo orientati a fare la festa degli amici di noi genitori quando la casa di Simone, alle Croci, sarà pronta: sarebbe così anche una festa di inaugurazione. Vedremo! Una cosa è certa: appena sarà fissata la data, te lo farò sapere perché, specialmente se fosse estate, vi vorrei con noi!

Altre notizie: Piero è molto preso dai problemi amministrativi e, da un po', anche politici. Avrai visto sui giornali che la Margherita è in agitazione e ogni giorno c'è qualche brutta notizia in più. Piero sa incassare bene, ma le preoccupazioni in qualche

party] is going through a period of upheaval and every day there is another bit of bad news. Piero keeps it to himself but his concern manifests itself not least in the fact that he now goes to Monte Morello almost every day.

Teresa is still taking exams and doing her obstetric training: soon she will be beginning to do nightshifts and that will really be hard! We have been "officially" introduced to Toan's parents: we invited them for Christmas (even if they are not Catholics, Christmas is still seen as a family festival) and they reciprocated by inviting us for the Chinese New Year about ten days ago. We found them to be people of great sensitivity, enriched by their significant experience of difficulties and uncertainty in getting established. They are very respectful of formal rules, rather different from us and our way of doing things (especially Piero!) but I don't think that this will be a problem.

For the rest, things go on as normal. La nonna continues to sew for everyone. The friends whom you met come to visit or we go out with them for walks or to the theatre.

I have decided to take permanent retirement. I have a part-time contract that is valid for the next academic year, but since I would have to take a new class, that I don't know, and then leave it, I would prefer to finish my job with this last class that I have had for three years. The idea of having more time for myself and for Giovanni is quite attractive….

And how are you two? And your daughters? And your parents?

Have you made any plans for the summer? Remember that you have to be our guides in those parts of Italy that we don't know….. even around Pistoia…… and in the Abetone area…..

Ti abbraccio con affetto

Saluti cari to John.

Maria

modo affiorano: lo dimostra il fatto che a Monte Morello ora va quasi tutti i giorni.....

Teresa continua a fare i suoi esami e il suo tirocinio da ostetrica: fra poco comincerà anche a fare i turni di notte e allora sarà veramente più dura! Abbiamo conosciuto "ufficialmente" i genitori di Toan: noi li abbiamo invitati per Natale (anche se loro non sono cattolici, il Natale viene comunque sentito come una festa della famiglia) e loro hanno restituito l'invito per il capodanno cinese, una decina di giorni fa. Abbiamo avuto l'impressione di persone molto sensibili, arricchite da una forte esperienza di disagi e precarietà. Hanno un atteggiamento molto rispettoso delle regole formali piuttosto lontano dal nostro modo di fare, (soprattuto da quello di Piero!), ma credo che non sarà un problema.

Per il resto tutto prosegue regolarmente. La nonna continua a lavorare di cucito per tutti. Gli amici che hai conosciuto vengono a trovarci, oppure usciamo con loro per andare a camminare o a teatro.

Io ho deciso di andare definitivamente in pensione. Ho un contratto part- time valido anche per il prossimo anno scolastico, ma siccome dovrei prendere una classe nuova, che non conosco, e poi lasciarla, preferisco finire il mio lavoro con questa ultima classe, che seguo da tre anni. L'idea di avere più tempo per me e per Giovanni non mi dispiace.......

E voi, come state? E le vostre figlie? E i genitori?

Avete fatto programmi per questa estate? Ricordate che ci dovete guidare in tante parti d'Italia che non conosciamo... anche nei pressi di Pistoia... nella zona dell'Abetone.....

Ti abbraccio con affetto

Saluti cari a John

Maria

36.

4.04.02

Dear Caroline,

Here I am at last at the computer to tell you our news and especially about the wedding.

I can't send you a photo yet, because I can't remember how you use the scanner: I'll have to wait until Anna comes back.

But to begin at the beginning: it was the couple's intention that the wedding should be very low-key and informal, but with lots of friends present, and so it was. They decided to have the *rinfresco* (this is the most traditional term, now replaced ever more frequently with the word *ricevimento* [reception]) at home and, while this gave the party a truly family feeling, it involved us in a complete restructuring of the house, because about 150 friends were invited and so the whole of the ground floor at least, including my mother's flat, had to be got ready.

First of all, after a certain reluctance: painting the stanzone [big room], the room on the ground floor with the stove, which had first to be emptied of the greater part of the furniture. Piero, who boasts of being quick and skilled, did the painting, but needed an assistant (in this case, me) to do all the job of preparation and finishing.... A cousin spent a few days with brushes and rags cleaning windows and shutters. Marta, the woman who comes to help around the house, and I removed the spiders' webs from the ceilings and cleaned in the corners: I realized that, looking at my house through the eyes of an outsider, we would have to get down to some serious work. Anna, calm and seraphic as always, and smiling with gratitude, watched us working and..... did something else: especially phoning the guests, because she didn't send out any invitations so had to let the relevant people know personally.

I too invited my friends and relatives to the wedding, but asking them not to come to the reception, because there was no room for them.... It was less embarrassing than I had expected: in fact I announced that we shall be having another party at Anna and Simone's house as soon as it is ready. I hope in September, but Piero fears that it may be another year yet....

Anna didn't wear a classic wedding dress but a three-piece trouser suit in pearly grey and white, very linear; something informal was indispensable, given the outfit of the groom: trousers, shirt and sweater! He earned the compliments of the parish priest, Don Silvano, who, during his sermon, said (and I quote) that seeing a groom in a sweater filled him with "enthusiasm". If you could see the lavish display that is usual at our weddings.... They tell me that it is even worse in southern Italy! Is it the same in your country?

All the family was there of course: Lorenzo bought his first suit for the occasion, Piero brought out the blue suit inherited from a cousin who had lost weight, and I had a rose

36.

4.04.02

Cara Caroline,

eccomi finalmente davanti al computer per raccontarti di noi e soprattutto del matrimonio.

Non posso ancora inviarti una foto, perchè non ricordo come si fa ad usare lo scanner: devo aspettare che torni Anna.

Ma cominciamo dall'inizio: il matrimonio, nelle intenzioni dei due sposi, doveva essere una cerimonia molto sobria e informale, ma partecipata, e così è stato. Hanno deciso di fare il "rinfresco" (questo è il termine più popolare, sostituito sempre più spesso da "ricevimento") in casa e questo, se ha dato un' impronta molto familiare alla festa, ci ha impegnati in una specie di ristrutturazione globale, perché gli amici da invitare erano sui 150 e quindi bisognava attrezzare per la festa almeno tutto il piano terra, compreso l'appartamento della mamma.

Prima operazione, dopo qualche tentennamento: rimbiancatura dello"stanzone", la sala a pianterreno con la stufa, previo sgombero di buona parte dei mobili. Ha rimbiancato Piero, che si vanta di essere veloce e capace, ma che ha bisogno di un assistente (in questo caso una assistente, la sottoscritta), che faccia tutto il lavoro di preparazione e rifinitura.....Un cugino ha passato un paio di giorni con spazzole e stracci a pulire vetri e persiane. Io e la Marta, la donna che viene ad aiutare nelle faccende domestiche, abbiamo tolto le ragnatele dai soffitti e pulito bene negli angoli: mi sono resa conto che, guardando la mia casa con gli occhi di un estraneo, c'è veramente da rimboccarsi le maniche! Anna, tranquilla e serafica come sempre, ci guardava lavorare, sorrideva con gratitudine e....faceva altro: soprattutto le telefonate agli invitati, perché non ha mandato nessuna partecipazione e doveva quindi avvertire gli interessati personalmente.

Anch'io avvertivo amici e parenti miei, invitandoli al matrimonio, ma pregandoli di non venire al rinfresco, perché per loro il posto non c'era... E' stato meno imbarazzante del previsto: difatti ho annunciato che faremo un' altra festa a casa di Simone e Anna appena sarà pronta. Io spero a settembre, Piero teme invece che ci vorrà ancora un anno....

Il vestito di Anna non era il classico abito da sposa, ma un tre pezzi grigio perla e bianco, molto lineare; era indispensabile qualcosa di informale, vista la tenuta dello sposo: pantaloni, camicia e maglione! Si è guadagnato così i complimenti del nostro parroco, don Silvano, che durante l'omelia ha detto testualmente che vedere uno sposo in maglione lo "entusiasma". Se vedessi che lusso e che scialo si fa nei nostri matrimoni.... Mi dicono che nell'Italia del Sud si fa anche peggio! E' così anche da voi?

La famiglia era ovviamente al completo: per l'occasione Lorenzo si è comprato il primo abito completo (giacca e pantaloni), Piero ha esibito l'abito blu ereditato da un cugino

as big as a bouquet [literally, "flowerbed"] on the lapel of a jacket bought the previous year, but worn only once. Sara was the most elegant: her salary in pounds sterling had allowed her access to a high class boutique.

The organ in the church was played by a good friend of ours – she also played at our wedding.

Giovanni, who was in church with us, made his presence felt; enough but not too much. After throwing the rice (a friend had come up with an original idea, packets of coloured rice) lots of informal photos and then back to the house on foot for the party. The weather was clear but cold. We should have expected the cold, because according to tradition it is the "*nodo* [lit. knot] of the Virgin of the Annunciation", a spell of cold weather around the 25th.

Anna, Simone and Giovanni went away the day before yesterday, Tuesday, to Rhodes where Anna had been invited for a conference on architectural restoration. They will stay there for a holiday until the 10th.

In the last few days, without the little one, our house is as silent as the tomb [lit. " like a hermitage"] and I find I have periods of freedom that I had quite forgotten. This letter is one of the results of this new situation….. Lorenzo is away as well, in Budapest for a week's holiday.

When I read in your last message the destination of your next holiday I was rather disappointed, because I had hoped to spend at least a few days catching up with you.

I imagine that the needs of your and John's elderly parents will make my desire even more difficult to satisfy.

I hope, however, that while you are surfing the Internet you will find, as well as… horrible photos of a certain acquaintance from Sesto [I found a photo of Piero on the Sesto council website], a bargain price for a lightning visit to Italy: the Bosi household will see to everything else!

Say hello to Becky and her boyfriend. To John an affectionate warning not to get too stressed and ruin his sleep: why is it that the best people must always be such perfectionists?

Thank you (I can't remember if I did before) for the calendar and the beautiful photos: we were amazed particularly by the extra-big format that we simple Italian provincials have never seen before.

Ti saluto con affetto

Thank you for your friendship.

Maria

a dieta, ed io avevo una rosa grande come un'aiuola sul bavero di una giacca dell'anno scorso, portata però solo una volta. La Sara era quella più chic: lo stipendio in sterline le aveva garantito l'accesso ad una boutique di classe.

In chiesa ha suonato l'organo una cara amica, la stessa che aveva suonato al nostro matrimonio.

Giovanni, che era in chiesa con noi, si è fatto sentire un po'; il giusto, come si dice oggi. Dopo il lancio del riso (un'amica aveva preparato una novità, cartoccini di riso colorato) molte foto in allegria e poi a piedi a casa per il rinfresco. La giornata è stata limpidissima, ma fredda. Bisognava aspettarselo questo freddo, perché la tradizione vuole che ci sia il "nodo" dell'Annunziata, cioè un ritorno di freddo intorno al 25.

Anna, Simone e Giovanni sono partiti l'altro ieri, martedì, per Rodi, dove Anna era invitata a un convegno sul restauro architettonico. Rimarranno fino al 10 per fare un po' di vacanza.

In questi giorni, senza il bambino, la nostra casa sembra un eremo e io mi ritrovo spazi di libertà che non ricordavo. Questa lettera è uno dei risultati di questa nuova dimensione....Fra l'altro manca anche Lorenzo, che è partito per una vacanza a Budapest di una settimana.

Quando ho letto, nel tuo ultimo messaggio, qual è la meta delle vostre prossime vacanze sono rimasta un po' delusa, perché speravo di poter passare con te almeno qualche giorno e di fare qualche bella chiacchierata.

Immagino che anche le attenzioni e le cure che i vostri anziani genitori richiedono, rendano ancora più difficile da realizzare questo mio desiderio.

Spero però che, navigando su Internet, oltre....alle brutte foto di un tuo conoscente sestese, possa trovare un volo a prezzi stracciati per una vacanza lampo in Italia: casa Bosi penserà al resto!

Saluta Becky e il suo ragazzo. A John l'affettuosa raccomandazione a non angustiarsi troppo e a non rovinarsi il sonno: ma perché le persone brave devono essere sempre così perfezioniste?

Grazie (non ricordo se lo avevo già fatto) per il calendario e per le tue belle foto: ci ha stupito soprattutto il formato extra-large, che non avevamo, da bravi provinciali italiani, mai visto.

Ti saluto con affetto

Grazie per la tua amicizia

Maria

37.

31.07.02

Dear Caroline,

Thank you for your message before your adventurous journey: I really hope none of the things you fear happen. On the one hand, all the difficulties that you are afraid of encountering make me rather envious, because my holidays at Abetone – although I love the place and it is very relaxing – seem really uninspiring and I can't muster up any enthusiasm to set off. Never mind! I have the possibility of adventures in the rest of the year: I am always hoping for an unexpected visit from some friend from afar (this is what happened a few days ago when an old friend came from Berlin) to stir up my everyday routine a bit, and I can depend on my rail card – that allows me to travel on trains in Italy free – to visit nearby or more distant cities on the spur of the moment. I can't remember if I told you that I have definitely finished teaching, I'm retired and so I can plan this kind of "adventure" even at times that were formerly not possible.

Sorry for my long silence: it was not due to anything sinister, but simply the typical busy time at the end of the school year and.......to your compliments about my writing style! I was amazed by your praise for my way of writing and so, before sitting down at the computer I have to.......... ask myself if my level of "inspiration" is sufficiently high and this very rarely happens!!! Joking apart, I would not have gone off on holiday without a note to you and I read your email just as I was starting to write one to you.

There isn't much news of note in the family. Lorenzo, the "bear" of the family, attracts the attention of the whole family by prowling restlessly around the house with a gloomy expression. He is happier when I am not there! At least that is what the others say. It would appear that, unconsciously, I communicate anxiety and agitation, even if I find him affectionate towards me and rarely argumentative. He has taken at least five exams in the Law faculty without any trouble (do you remember that he changed subjects?) and he is involved with a lot of other activities, like acting and swimming, but not to excess. His sisters are proud of him and make that clear in a thousand ways with tact and intelligence, perhaps better than me. Tomorrow he is going to London to see Sara. She will put him up and show him around London and the surrounding area with a hire car. Looking at the clock I see that soon everyone in the house will be waking up and that will put an end to my peace and quiet.

I'll continue in note form with news in no particular order, as it comes:

- June has been horribly hot and humid. We conducted the third-year exams with the ventilators on. I enjoyed my last days at school being spoiled by affectionate colleagues who showed me their friendship in the kindest way.

37.

31.07.02

Cara Caroline,

grazie per i tuoi saluti prima del tuo avventuroso viaggio: spero proprio che non vi accada niente di quello che temi. Da una parte tutte le difficoltà che hai paura di incontrare mi fanno un po' invidia, perché la mia vacanza all'Abetone - sebbene il posto mi sia caro e sia obiettivamente riposante - mi pare proprio insulsa, e la mia voglia di partire è sotto zero. Pazienza! Mi riservo le possibilità di avventura al resto dell'anno: spero sempre nella visita inaspettata di qualche amico lontano (è quello che è successo pochi giorni fa, quando è venuta da Berlino una vecchia amica) che movimenti un po' la mia routine quotidiana, e conto sul mio tesserino ferroviario - che mi permette di scorrazzare sui treni d'Italia gratis - per improvvisare delle visite a qualche città più o meno vicina. Non ricordo se ti ho già detto che ho definitivamente chiuso con la scuola, sono in pensione e perciò mi potrò permettere di improvvisare queste "avventure" anche in tempi finora proibiti.

Scusa il mio lungo silenzio: non è dovuto a nessun motivo grave, ma solo al daffare tipico della fine dell'anno scolastico e..... ai tuoi complimenti per il mio stile! Sono rimasta fulminata dai tuoi elogi per il mio modo di scrivere e allora, prima di mettermi davanti al computer devo.... farmi l'esame e verificare se l'"ispirazione" è al livello giusto e questo non succede quasi mai!!! Scherzi a parte, non sarei partita per le vacanze senza farmi viva e ho letto la tua e-mail proprio quando ho aperto la posta per scriverti.

In famiglia non ci sono grosse novità. Lorenzo, l'"orso" di famiglia, atira su di sé l'attenzione di tutti girando per casa scuro in volto e inquieto. E' più sereno quando non ci sono io! Così almeno dicono in famiglia..Sembra che io gli trasmetta, inconsapevolmente, ansia e agitazione, anche se io lo trovo affettuoso nei miei confronti e quasi mai polemico. Ha fatto con facilità ben cinque esami della facoltà di giurisprudenza (ti ricordi che aveva cambiato indirizzo?) e si dà da fare anche in molte altre cose, come teatro e nuoto, senza però cadere nell'iperattivismo. Le sue sorelle sono orgogliose di lui e glielo dimostrano in mille modi, con sensibilità e saggezza, forse meglio di me. Domani parte per Londra. Va per una settimana da Sara, che lo ospita e lo porterà a giro a Londra e dintorni con una macchina a noleggio.

Guardo l'orologio e vedo che mi resta poco tempo prima che tutta la casa si svegli e finisca la tranquillità.

Passo a notizie flash in ordine sparso, così come vengono:

- abbiamo avuto un giugno torrido, afoso, infernale. Abbiamo fatto gli esami di terza con i ventilatori accesi. Io mi sono goduta gli ultimi giorni di scuola coccolata dalle colleghe

- Teresa is continuing her studies in obstetrics and is now able to deliver a baby on her own, overseen by the duty midwife. Her relationship with her To-An continues as before and even more so and she is making plans to get married (in a couple of years)

- Anna is changing jobs: it is not a permanent post, but she took it because it is very interesting and opens up the possibility of finding a job in the public sector sooner or later. She will work for six months (or perhaps a year) in the planning department at Campi Bisenzio.

Little Giovanni is growing, eating, running about and laughing....... but not speaking. I hardly remember anything about what my children did, I only remember that each one was different from the next and therefore, since he obviously understands everything and makes himself understood, albeit with noises and other methods, we are not worried and enjoy him unreservedly.

Time's up! I'll stop here. I promise to send you another letter on my return. Saluti cari to John.

Un abbraccio

Maria

P.S. How is your translating work going? Don't you need my advice any longer?

P.P.S. I am hoping for a postcard from the Caucasus, or even better an account in person, as soon as possible.

affettuosissime che mi hanno fatto sentire con tanto garbo la loro amicizia.

- Teresa continua i suoi studi da ostetrica e ormai è in grado di far nascere un bambino anche da sola, sotto la supervisione dell'ostetrica di turno. Va d'amore e d'accordo come prima e più di prima con il suo To-An e fa progetti per sposarsi(fra un paio d'anni).

- Anna cambia lavoro: non è un lavoro a tempo indeterminato, ma lo ha accettato perché è molto interessante e le apre la possibilità di accedere con più facilità prima o poi ad un ufficio pubblico. Lavorerà per sei mesi (forse un anno) nel comune di Campi Bisenzio, sul Piano Regolatore.

Giovannino cresce, mangia, corre, ride e....non parla. Io non ricordo quasi niente di quello che facevano i miei figli, e dei tempi in cui lo facevano, ricordo solo che erano molto diversi tra loro e perciò, visto che lui capisce tutto e si fa capire, sia pure con mugolii e altri versi, non ci preoccupiamo e ce lo godiamo senza riserve.

Tempo scaduto! Taglio corto. Ti prometto un'altra lettera al ritorno. Saluti cari a John.

Un abbraccio

Maria

P.S. Come va il tuo lavoro di traduttrice? Non hai bisogno più della mia consulenza?

P.P.S.Spero in una cartolina dal Caucaso, e meglio ancora in un resoconto di persona, dal vivo, prima possibile.

38.

23.09.02

Dear Caroline,

What a pity I didn't think sooner to suggest to you that you extend your stay in Florence. I continue to assume that journeys by aeroplane are like those by train or car when decisions can be taken at the last moment. It would have been a wonderful opportunity to have a few extra days just for us. We'll have to make up for it with some (less scholarly ?!) occasion during the week.

As for our day in Rome, please reassure John: quite apart from the pleasure of seeing you both there was the genuine satisfaction of being tourists alongside a person who sees the city with the eyes of a scholar. It was a rare bit of luck and I felt almost parasitical to find myself standing there idly exploiting the efforts of others. At least I was able to put him right [*dritta*] (slang expression used by young people to mean an suggestion) about one thing with Palazzo Altemps!

While I write, I can hear through the open windows the voices of the teachers and the background hum of the pupils. I hear them with sympathy but no regret. My days seem so full that I have no room for nostalgia for the past. At the moment the weather is so beautiful with a permanently blue sky and cool, still air, that I am simply enjoying the idea of being free, at any time of day, to go out, have a walk or sit in the sun with a book or the radio. Then I might do something different, like hanging out the washing or making a vegetables purée, but it is my own choice and so it is not a burden.

Yesterday, after months of not going there, I went to Monte Morello. There were six of us, "captained" by Piero naturally, who has been unanimously elected to the role of native guide. We walked for three hours through the woods, very dry but shady and perfumed, then everyone home for a meal outdoors, chatting, obviously, about Berlusconi.

In a few weeks time you will be part of our group too, or, even better, both of you!

Un abbraccio affettuoso.

Message for Becky: à bientôt!

Maria

38.

23.09.02

Cara Caroline,

peccato che non abbia pensato prima a suggerirti di allargare la durata del tuo viagggio a Firenze! Continuo ad applicare all' aereo i tempi del viaggio in treno o in macchina, dove le decisioni si possono prendere all'ultimo momento! Avere due o tre giorni in più, tutti per noi, sarebbe stata un'occasione preziosa. Compenseremo con qualche occasione mondana (?!) durante la settimana.

Quanto alla nostra giornata a Roma ti prego di rassicurare John: oltre al piacere di incontrarvi c'è stata la soddisfazione sincera di fare i turisti accanto a una persona che vede la città con gli occhi dello studioso. È una fortuna rara e io mi sono sentita un po' una parassita, lì, tranquilla tranquilla, a "sfruttare" le fatiche degli altri. Meno male che almeno una "dritta" (espressione del gergo giovanile che sta per suggerimento) gliel'ho potuta dare, con palazzo Altemps!

Mentre scrivo, dalle finestre aperte arrivano dalla scuola le voci degli insegnanti che spiegano e il sottofondo del brusio confuso degli alunni. Li ascolto con simpatia, ma senza nostalgie. Le mie giornate mi sembrano così piene che non ho posto per rimpianti del passato. In questi giorni poi, che il tempo è così bello, con il cielo sempre azzurro, l'aria fresca e senza vento, godo solo all'idea di essere libera, in qualsiasi momento, di uscire, camminare, o stare a prendere il sole con un libro in mano o con la radio accesa. Poi magari faccio un'altra cosa, come stendere la lavatrice o fare il passato di verdura, ma diventa una mia scelta e non mi pesa.

Ieri, dopo mesi che non ci andavo, sono tornata a Monte Morello. Eravamo un gruppetto di sei persone, "capitanate" naturalmente da Piero, a cui viene unanimemente riconosciuto il ruolo di guida indigena. Abbiamo fatto una camminata di tre ore in un bosco aridissimo, ma ombroso e profumato, poi tutti a tavola a casa nostra all'aperto chiacchierando, ovviamente, di Berlusconi.

Fra qualche settimana sarai anche tu, o meglio, sarete anche voi, dei nostri!

Un abbraccio affettuoso

Per Becky: a bientot!

Maria

39.

25.09.02

Dear Caroline,

I have been putting off answering you from day to day so that I can write a proper letter but, instead, here I am again writing an almost telegraphic message to let you know that we haven't disappeared altogether: the only problem is that my new status as retired person is still being submerged by that of grandmother.

I am planning to write in three of four days. A presto.

Maria

39.

25.09.02

Cara Caroline,

ho rimandato di giorno in giorno la risposta per aver modo di scrivere una lettera come si deve, e invece eccomi qui a stendere un messaggio quasi telegrafico almeno per farti sapere che non siamo svaniti nel nulla: l'unico problema è che il mio nuovo status di pensionata è ancora soffocato da quello di nonna.

Conto però di scrivere entro tre o quattro giorni. A presto

Maria

40.

2.10.02

Dear Caroline,

Here I am at last at my desk, or rather at the computer, with the intention of writing to tell you everything, or almost everything, that I have in mind to tell you.

First of all, the reply to your kind and pressing invitation to Scotland. It took Piero and me only a few seconds to come to an agreement. Why not? we said to each other. So, if no problems arise on your side or ours (between now and May many things can happen and the international situation with this talk of war is very worrying), we shall come and visit you with the greatest of pleasure. We are already thinking of taking up our English classes again, because we can't depend entirely on you and sign language, to which we Italians have recourse with great efficiency, but which will be insufficient I fear... As for the details, we can speak on the phone, but in the meantime I think that we can get to Edinburgh on our own, either directly by air or with the train from London (apart from anything else, we are entitled to four days free travel on English trains) without you having to come to London. Anyway, we can talk about this again, especially if we meet before that in Italy (in Rome?).

We are contemplating this plan with a certain euphoria and anxiety, particularly me, since I have, by choice, made all my journeys through the memories or stories of others. What reassures me is the idea of going to people who are friends, to a house that has anyway been described to me by you and by my daughters! I feel I can already see the stove [an Aga], the kitchen, the parrot, the stone walls, high ceilings, and the cold air in the less frequently used rooms. Have I got it right?

The postcard from Armenia with Mount Ararat arrived in August but is still attached to our fridge by a coloured magnet; we put it next to the one sent from Vietnam by Toan's parents in order to impress our guests to whom we talk at second hand about these exotic places. We went for our usual holidays to "our" house in Abetone, I say our house because every year that passes (it is now the sixth summer that we have spent August there) I grow more fond of it and if I think that someone else, besides us, might live there during the year, I become jealous. Fortunately, however, since it is isolated and not very comfortable, it has only been let out once to another family in July. The owner is an elderly woman, a passionate mushroom hunter. She gets on very well with us and is happy to let out her house to us, partly because we have shown ourselves to be reliable but mainly, I think, because we are only interested in going for walks, leaving the mushrooms for others. Thus we do not represent dangerous competitors. Because the fungaioli [edible fungi hunters] (and we noticed it particularly this year when it did nothing but rain) are completely addicted to their hobby: when the fungi are ready, they get up in the middle of the night, climb up the mountains for at least two hours to get to a spot known only to them and will never say where they got their haul, telling one lie after another.

40.

2.10.02

Cara Caroline,

eccomi finalmente a tavolino, o meglio, al computer, con la prospettiva di scriverti tutto o quasi di quello che ho in mente di dirti.

Prima di tutto la risposta al tuo invito in Scozia, fatto con tanta affettuosità e decisione. L'abbiamo concordata in pochi secondi io e Piero. Perché no?, ci siamo detti. Perciò, se non sopraggiungono problemi da parte tua o nostra, (da ora a maggio possono succedere tante cose e anche la situazione internazionale, con questi "venti di guerra", mette molta inquietudine), verremo da voi con grande piacere. Già pensiamo di riprendere lo studio dell'inglese, perché non possiamo dipendere completamente da voi e il linguaggio gestuale, a cui noi italiani sappiamo ricorrere con efficacia, temo che sia insufficiente.... Per i dettagli, avremo modo di risentirci, ma intanto penso che potremmo raggiungere Edimburgo da soli, o direttamente con l'aereo o con il treno da Londra (fra l'altro noi abbiamo la possibilità di viaggiare gratis per quattro giorni sui treni inglesi) senza che debba venire tu fino a Londra. Comunque avremo modo di riparlarne, specie se ci vedremo prima in Italia (a Roma?).

Viviamo questo progetto con una certa euforia e ansietà, io specialmente, che ho fatto per mia scelta tanti viaggi solo attraverso i ricordi o i racconti degli altri. Quello che mi tranquillizza è l'idea di andare da persone amiche, in una casa fra l'altro già "raccontata" da te e dalle mie figlie! Mi sembra già di vedere la stufa, la cucina, il pappagallo, i muri di pietra, i soffitti alti, e di sentire l'aria fredda delle stanze meno abitate.Vedo giusto?

La cartolina dall'Armenia con il monte Ararat è arrivata d'agosto ma è ancora fissata con una calamitina colorata sul nostro frigorifero; l'abbiamo messa accanto a quella spedita dal Vietnam dai genitori di Toan, per stupire gli ospiti, a cui parliamo di questi posti esotici per interposta persona. Noi abbiamo fatto le solite vacanze nella "nostra" casa dell'Abetone; dico nostra perché ogni anno che passa (è ormai la sesta estate che passiamo agosto in questa località), mi affeziono sempre di più e se penso che qualcun altro, oltre a noi, potrebbe viverci durante l'anno, mi ingelosisco. Per mia fortuna però, siccome è isolata e poco confortevole, solo una volta è stata affittata ad un'altra famiglia nel mese di luglio. La proprietaria è una donna piuttosto anziana, accanita cercatrice di funghi. Ha molta simpatia con noi e ci affitta volentieri questa sua casa, un po' perché siamo stati presentati da persone di sua fiducia ma soprattutto, credo, perché noi pensiamo solo a fare camminate e i funghi li lasciamo agli altri. Quindi non siamo pericolosi concorrenti. Perché i fungaioli - (l'abbiamo verificato soprattutto quest'anno, che non ha fatto altro che piovere) vivono la loro passione come una droga: quando "fa i funghi" si alzano in piena notte, camminano anche due ore in salita per arrivare nei posti da loro conosciuti,

The landscape around Abetone is nothing exceptional: the Alps and especially the Dolomites are much more beautiful, but it has a decayed charm that I appreciate better each year that passes, through the recollections of the old people of the area. In the period between the First and Second World Wars, Abetone was popular with the VIPs of the time who built beautiful stone villas there and took on large numbers of local people as servants. Many of them remember an English lord who had a long white beard that came down to his chest and a Russian baroness who had herself carried the last part of the way in a sedan chair with silk curtains!

When skiing began to be a mass sport the people of Abetone made pots [lit. "shovelfuls"] of money, but the fashion for skiing holidays soon meant that the visitors moved towards the mountains to the north and here in our Apennines, and especially Abetone, the only skiers are those who come just for the weekend. The many buildings that were constructed during the boom of the 1960s and 70s now stand empty, especially in summer. When we go on our walks, we either meet no one at all or people of fifty or over!

Fortunately there are several of us (all over 50) still fit and well and not a day goes by without a long walk even in the bad weather! If it is really too bad to go out, we sit around an open fire together, chatting and playing cards. Obviously, this kind of holiday is not very enticing for young people. In fact, both Teresa and Lorenzo paid lightning visits of only one or two days. Lorenzo stayed slightly longer, but so that he could have some peace for studying, being quite sure that there would be no distractions there!

On the other hand, Anna with Simone and Giovanni stayed for the best part of a month (thereby considerably reducing the average age of the holiday visitors). This year in the shed next to the house there was a cage with twelve *conigliolini* (the Tuscan diminutive of *coniglio* [rabbit], the standard form being *coniglietto* which to us sounds a bit affected) and Giovanni was entranced by them, watching them for hours. It wasn't at all that poetic however, since the smell was….

I realise that I have indulged in this long digression about holidays in a way I have never done before. Why is this? Perhaps the fact that I was not going back to school, for while I hear the bells ringing for the start of school and at the end of each period, I feel not so much retired as on holiday. You asked me how I felt about this new situation: for the moment I genuinely feel much more relaxed, particularly because the first few days of school are usually filled with those exhausting meetings of endless hair-splitting and very few decisions. Later, perhaps, I will find I miss my class; already I find myself thinking, when I read an interesting story or see a good film or hear about an exhibition "I must tell my pupils about that" and then I have to remind myself and remember that I can't hand on my experiences in the same way as before. I have kept a connection with the school thanks to the exchange with Carolyn's pupils: I help one of my colleagues organising the trip and will be involved in welcoming the pupils: and to do all this without worrying about lessons and homework is simply fun!

Before I finish, some quick pieces of news about the family:

e non dicono mai dove hanno trovato i loro funghi infilando una bugia dietro l'altra.

La zona dell'Abetone dal punto di vista del paesaggio non è eccezionale: le Alpi e in particolare le Dolomiti sono troppo più belle, però ha un fascino decadente che ogni anno colgo sempre meglio, attraverso i ricordi dei vecchi del paese. L'Abetone nel periodo tra la Prima e la Seconda guerra mondiale era frequentato dai Vip dell'epoca che vi avevano costruito delle belle ville in pietra e che si facevano servire da uno stuolo di servitori assunti tra la gente del posto. Molti ricordano un lord inglese che esibiva una strepitosa barba bianca lunga fino al petto e una baronessa russa che faceva l'ultimo tratto di strada su una portantina con le cortine di seta!

Quando lo sci ha cominciato a diventare uno sport di massa gli abetonesi hanno fatto i soldi a palate, ma la moda delle settimane bianche ha spostato presto i villeggianti verso le montagne del settentrione e qui sul nostro appennino, e soprattutto all'Abetone, è rimasto lo sci del "mordi e fuggi". Le numerose costruzioni, cresciute freneticamente negli anni '60 e '70, sono desolatamente vuote, specie d'estate. Quando noi camminiamo per le nostre passeggiate, o non troviamo nessuno, oppure gente dai cinquanta in su!

Noi per fortuna siamo un bel gruppo (di ultracinquantenni) ancora in forze e non c'è giorno che non scarpiniamo, anche con il brutto tempo! Se poi non è proprio possibile uscire, ci facciamo compagnia intorno al camino acceso, chiacchierando o giocando a carte. Certo, una vacanza così non è allettante per dei giovani. Difatti sia la Teresa che Lorenzo sono passati come delle meteore un giorno o due. Lorenzo si è fermato un po' di più, ma per poter studiare con calma, sicuro che distrazioni non ne avrebbe avute!

Abbiamo avuto invece per buona parte del mese l' Anna con Simone e Giovanni (che hanno così abbassato l'età media dei villeggianti). Quest'anno nella stalla attigua alla casa c'era una gabbia con dodici "conigliolini" (è il diminutivo toscano di coniglio; la forma "coniglietto" la usiamo, ma ci sembra un po' affettata) e Giovanni rimaneva incantato a guardarli per delle mezz'ore. Ma la cosa non era affatto poetica, perché c'era un puzzo...

Mi accorgo che mi sono dilungata a parlare di vacanze come non mi era mai capitato. Come mai? Forse il fatto di non aver ripreso la scuola, mentre sento suonare la campana di inizio e del cambio dell'ora, mi fa sentire, più che pensionata, in vacanza. Mi chiedevi appunto dell'effetto che mi fa questa nuova condizione: per ora mi sento, sinceramente, molto più leggera, anche perché questi primi giorni sono di solito pieni di quelle estenuanti riunioni dove si spezza il capello in quattro e si concretizza poco. Più avanti, forse, sentirò la mancanza del rapporto con la classe; già ora mi capita di pensare, quando leggo un racconto interessante o vedo un bel film o so di una mostra, "lo devo dire ai miei ragazzi", e poi mi devo correggere e pensare che non posso più "trasmettere" come prima le mie esperienze. Ho mantenuto un aggancio con la scuola grazie allo scambio con gli alunni di Carolyn: aiuto la collega ad organizzare la visita e sarò impegnata anche nell'accoglienza: e fare tutto questo senza il pensiero delle lezioni e dei compiti da correggere è un divertimento!

Between one walk on Monte Morello and another, Piero continues to be busy with his role as capogruppo [leader of the Partito Popolare members] in the Consiglio Comunale [local council]. On the national level, the political situation is depressing, as you may have gathered even from your newspapers, but the mood in Sesto is good and it seems to me that Piero finds great satisfaction in what he does. Every now and then he gets angry or argumentative but he thrives on this.

Lorenzo is getting on well with his exams (he has already done six) and is increasingly revealing a humorously self-deprecating side to his character that is a pleasant surprise.

Anna has finally passed the state exam that will allow her to "sign" projects: it has been harder work than giving birth to twins! It is a very competitive exam: generally only 25% of candidates get through the written exam and at the oral exam they fail a further number. She has an interesting job with the council at Campi Bisenzio. It is a short term contract (six months or perhaps a year), but it will be useful in giving her experience of the sector and for entering exams. Before she gets a permanent job, she will have to slog a long while yet. The one who does have a good job (and a good salary) is Sara. When she comes to Italy (now she is in Milan for three weeks) she goes round the shops and indulges in the satisfaction of buying beautiful clothes. Her sisters watch and envy her a bit. Apart from anything else, since Sara is smaller than the others, they can't even hope to borrow any of her things.

Teresa is still studying obstetrics. She is doing many hours of practical work (she is now allowed to be present at a birth on her own) and is continuing to pass the exams for the different stages. She is talking about getting married and we are beginning to look around for a house for her. We are thinking of doing up the building in our garden, presently set up as an office. We shall see.

Simone's house is still not ready! We call it the *opera del Duomo* [the cathedral workshop in Florence] as a way of indicating jobs that are never fully completed, like the Duomo in Florence [similar to the English expression, "like painting the Forth Rail Bridge"]. But we are happy to have so many in the house and to have Giovanni with us.

I have just remembered that I didn't answer your questions about the problems of the young couple you know. Sorry: if I can still do anything let me know. As for Anna's wedding photos, I plan to bring them to you or show them to you when you come to Italy.

Heavens! It's almost six o'clock. Ti abbraccio. Regards from everyone. Un pensiero affettuoso for John and his research.

Best wishes to your parents and daughters.

Maria.

P.S. You ask me to correct your mistakes: I see small things, Gallicisms I think, red pen not blue [teachers in Italy use a red pencil to mark minor mistakes and a blue one for serious errors]. Your use of Latinate *corrigere* instead of [correct Italian] *correggere* made me smile, and that's the only reason I mention it.

E ora, prima di concludere, "brevi" della famiglia:

Piero, fra una camminata e l'altra su Monte Morello, continua a svolgere il suo incarico di capogruppo nel Consiglio Comunale. La situazione politica a livello nazionale è demoralizzante, come forse avrai modo di sapere anche dai vostri giornali, ma a Sesto c'è un buon clima e mi pare che Piero tragga soddisfazione da quello che fa. Ogni tanto si arrabbia, bisticcia, ma è quello che gli ci vuole per provarci gusto.

Lorenzo dà esami con buon esito (ne ha dati sei) e sfodera sempre più spesso una capacità di autoironia che ci sorprende piacevolmente.

Anna ha finalmente superato l'esame di Stato che le permette di "firmare" i progetti: è stato più laborioso di un parto gemellare! E' un esame molto selettivo: allo scritto viene promosso in genere solo il 25% e anche all'orale continuano a bocciare. Ha un lavoro interessante al Comune di Campi Bisenzio. È a tempo determinato (sei mesi, forse un anno), ma le serve per farsi un' esperienza nel settore e per accedere ai concorsi. Prima di "essere a posto" dovrà penare un bel po'. Chi invece ha un buon lavoro (e un buono stipendio) è Sara. Quando viene in Italia (ora è a Milano da tre settimane) fa il giro dei negozi e si toglie la soddisfazione di comprarsi dei bei vestiti. Le sorelle guardano e un po' invidiano. Oltretutto, visto che Sara è più piccola di statura, non c'è neanche da sperare in un prestito.

Teresa continua nel suo studio per ostetrica. Fa molte ore di tirocinio (ormai è in grado di assistere ad un parto anche da sola) e dà esami con un buon ritmo. Parla di sposarsi e noi cominciamo a darci da fare per trovarle una casa. Pensiamo di sistemare quell'edificio adesso adibito a laboratorio che si trova nel nostro giardino. Vedremo.

La casa di Simone non è ancora pronta! Noi la chiamiamo "l'opera del Duomo", un modo di dire per indicare quei lavori che non finiscono mai, come appunto il duomo di Firenze. Però noi siamo contenti di essere in tanti e di avere Giovanni sempre con noi.

Mi viene ora in mente che non ho mai risposto alle tue domande sui problemi di una giovane coppia di tua conoscenza. Scusami: se posso ancora essere utile fammelo sapere. Quanto alle foto del matrimonio di Anna penso di portartele o di fartele vedere quando verrai in Italia.

Oddio! Sono quasi le sei! Ti abbraccio con affetto. Un caro ricordo da tutti Un pensiero affettuoso per John e per le sue ricerche.

Auguri per i tuoi genitori e per le tue figlie

Maria

P.S.Mi chiedi di segnalarti gli errori: vedo piccole cose, dei francesismi, mi pare, da penna rossa, non blu. Mi ha fatto sorridere, e per questo te lo scrivo, il tuo corrigere, alla latina, invece di correggere.

41.

10.12.02

Dear Caroline,

In your long letter, you dismiss your illness in two words. If I have understood correctly, from the time and day when you went into hospital, this was an emergency operation. Did the doctors realise immediately what was wrong? Did you have a lot of pain before the operation?

Ever since I was a child, who knows why, I have always thought of appendicitis [...] as a kind of sword of Damocles hanging over the head of each and every one of us, particularly because of the risk that it will not be recognised in time and turn into peritonitis. Listening to others who know about it, "you know, so-and-so, poor man he almost died… they didn't realise it was appendicitis", I have become convinced that is it an enemy lying in wait round the corner. As a result, when we organise, or rather, used to organise, trips for the pupils I always found myself adding appendicitis to the list of things that might go wrong. In your case I immediately thought that you were lucky, not least because you were not abroad in one of those far-off parts of the world that you and John are so good at discovering!

Rereading your letter, I realise why you sound so cheerful: it is the heady feeling of having an unexpected holiday and this logically makes everything else take second place! Good for you, enjoy your convalescence without feeling guilty!

I think you have made a sensible decision about your job: greater elasticity and freedom in the use of your time in this situation will certainly be a relief for you. From what you tell me about your father (and I have to say that you describe him so well I feel I have him before my very eyes) he is going through a period when your presence will do both him and you good. The possibility of being free at the same time as John would also be nice. Then maybe, as with Piero and me, everything will continue to go on as before, or almost, but at least as far as plans are concerned we feel we now have a degree of latitude. It is true that I have only been retired for four months, but, for example, I have not been for even one of the walks on Monte Morello I had intended to take in Piero's footsteps… On the other hand, we went once to Rome for the demonstration by the Girotondi [a democratic protest movement] (have you heard of them? The inspiration behind it is Nanni Moretti [Italian film director) and another time to Milan for a demonstration against the financial policies of our dear Berlusconi. In October we went on a pilgrimage-excursion to Assisi with our church. It has been years since we were last there and we were very impressed: the artistic and spiritual spell of Assisi remains with you.

When your email arrived I had already prepared a little parcel for you and a note to go with it. I sent it off this morning, so this will reach you before the news in the note.

41.

10.12.02

Cara Caroline,

nella tua lunga lettera "liquidi" con due parole la tua malattia. Mi pare invece di capire, dall'ora e dal giorno del ricovero, che è stato un intervento fatto d'urgenza. I medici hanno capito subito di che cosa si trattava? Hai sofferto molto prima dell'operazione?

Fin da quando ero bambina, chissà perché, ho sempre considerato l'appendicite (noi chiamiamo così l'infiammazione all'appendice che richiede l'intervento) come una specie di spada di Damocle che incombe sulla testa di ognuno di noi, soprattutto per il rischio che non venga riconosciuta in tempo e che "vada in peritonite". Dai discorsi dei conoscenti "sai, il tale, poverino, è stato lì lì per partire.... non gli hanno conosciuto l'appendicite" mi sono convinta che sia un nemico in agguato dietro l'angolo. Tant'è che quando organizziamo, o meglio, organizzavamo, i viaggi per i nostri alunni, mi ritrovavo sempre a inserire, tra gli imprevisti che potevano capitare.....un'appendicite! Nel tuo caso ho subito pensato che sei stata fortunata, almeno per il fatto che non eri in viaggio in uno di quei posti lontani dalla civiltà che tu e John siete così bravi a scovare!

Rileggendo poi la tua lettera ho capito perché sorvoli con tanta leggerezza: è l'ebbrezza che nasce dalla vacanza inaspettata e che logicamente fa passare in second'ordine tutto il resto! Meglio così, e goditi la tua condizione di convalescente senza complessi di colpa!

Penso che tu abbia preso una decisione saggia per quanto riguarda il tuo lavoro: una maggiore elasticità e libertà nell'uso del tuo tempo in questa situazione ti solleverà senz'altro. Da quello che mi racconti di tuo padre (fra l'altro da come lo descrivi bene mi sembra di averlo davanti agli occhi) è in una fase in cui la tua presenza fa bene a lui e a te. Anche la possibilità di allineare i tuoi tempi con quelli di John è una bella cosa. Poi magari, come succede a me e a Piero, nei fatti tutto procede come prima o quasi, ma almeno a livello di progetti ci sentiamo un bel margine di libertà. E' vero che sono appena quattro mesi che sono in " pensione", ma per esempio, delle camminate a Monte Morello che avevo in mente di fare al seguito di Piero, non ne ho fatte nemmeno una...In compenso siamo andati una volta a Roma per la manifestazione dei Girotondi (ne hai sentito parlare? l'ispiratore è Nanni Moretti) e un'altra volta a Milano per una manifestazione contro la finanziaria del nostro Berlusconi. Nel mese di ottobre abbiamo fatto una gita - pellegrinaggio ad Assisi con la nostra parrocchia. Erano molti anni che non ci tornavamo e ci ha fatto una grande impressione: Assisi ha un fascino artistico e spirituale che lascia il segno.

Quando è arrivata la tua e-mail avevo già preparato un pacchettino per te e scritto un biglietto di accompagnamento. L'ho spedito stamani, quindi il testo del biglietto sarà senz'altro superato.

You ask for news of the family and my life as a retired person: this will be the subject of my next letter, because looking out of the window (retired people don't need a clock anymore) I see that it is getting late (this letter was written in two stages) and I have things that I must get on with before the end of the day.

Briefly: Pinocchio [film version by Roberto Benigni that I wanted to show my pupils in Edinburgh] has not yet come out in DVD: Piero and other friends have seen it and gave a positive, if not enthusiastic, verdict.

Question: since you will have more free time next school year, would you rather that we postpone our visit to Edinburgh to a later date? Don't hesitate to say so if you would. Anyway, we have time to talk about this. You will obviously have to keep in mind your family responsibilities, yours and John's, and it sounds as if they are considerable…

Ti abbraccio con il solito affetto a nome di tutti. Get well soon and, as soon as you can, write again: it is such a pleasure to find your letters in my Inbox.

A rileggerci (yes, you can say this in Italian).

Maria

Mi chiedi notizie della famiglia e della mia vita di pensionata: saranno l'argomento della prossima lettera, perché guardando fuori dalla finestra (i pensionati non usano più l'orologio) vedo che si è fatto tardi (ho scritto questa lettera in due tempi) e ho delle faccende da sbrigare entro stasera.

Brevemente: Pinocchio non è ancora uscito in cassetta: Piero e altri amici l'hanno visto e il giudizio è positivo anche se non entusiastico.

Domanda: visto che il prossimo anno scolastico sarai più libera, preferisci che spostiamo la nostra visita ad Edimburgo ad una data diversa? Non avere scrupoli in questo senso. Comunque, avremo tempo di risentirci. Dovrai logicamente tener conto anche degli impegni di famiglia, la tua e di John, e non mi sembrano pochi....

Ti abbraccio con il solito affetto a nome di tutti. Guarisci bene e, appena puoi, scrivimi ancora: è una gioia trovare sulla posta le tue lettere.

A rileggerci (noi lo scriviamo così)

Maria

42.

December 02

Dear Caroline,

I'm writing you a "traditional" letter because once again our computer is playing up: we can, although not always, receive emails but not send them. I only read your letter yesterday, but even at telegram length, my reply did not get sent. I can't take the computer to be repaired yet because Anna is using it with the Autocad programme (which works!). I am hoping that things will be back to normal in a couple of weeks..

In the meantime, I am putting on paper the thing that seems the most urgent: the date of our visit to Edinburgh. For us the period you suggested originally would be fine (the last week in May, 24-28 I think, give or take a day or two). As long as you agree that you are free to cancel or postpone this arrangement if you encounter any problems because, generally speaking, both I and Piero can arrange our time with a degree of freedom.

As well as your card and the calendar (thank you!) I received the article about the oil from Morello. Through a friend, I was also able to pass it on to one of the people mentioned in the text (Signor Ricceri). I will let you know if I hear any more. Certainly, to know that "our" oil has appreciative fans as far away as London makes us feel very proud, especially Piero who continues to eat bread and oil as antipasto, first course and main course. (He hasn't given up eating desserts though.)

I apologise for my horrible writing, that I don't seem to be able to improve and hope that you were able to decipher it, given your experience with Italian manuscripts.

Un abbraccio affettuoso to you, John and your family.

Maria

42.

Dicembre 02

Cara Caroline,

ti scrivo una lettera "tradizionale" perchè il nostro computer fa di nuovo i capricci: riusciamo, e non sempre, a ricevere la posta ma non a farla partire. Ho letto solo ieri la tua lettera, ma la mia risposta, sia pure telegrafica, non è partita. Non posso ancora portare l'apparecchio a riparare perchè Anna sta lavorando con il programma Autocad (che funziona!). Spero di tornare alla normalità entro una quindicina di giorni.

Intanto, affido alla carta la cosa che mi sembra più urgente: la data della nostra visita a Edimburgo. Per noi va benissimo il periodo suggerito da te inizialmente (l'ultima settimana di maggio, 24-28 mi pare: giorno più, giorno meno). Resta inteso che non devi farti scrupolo di annullare o rinviare questo impegno se sopravvenissero da parte tua delle difficoltà, perchè in linea di massima sia io sia Piero possiamo disporre del nostro tempo con una certa libertà.

Ho ricevuto, insieme agli auguri e al calendario (grazie!) l'articolo sull'olio di Morello. Attraverso un'amica l'ho fatto pervenire ad una delle persone citate nel testo (il signor Ricceri). Ti farò sapere il seguito della cosa. Certo, sapere che il "nostro" olio ha degli estimatori affezionati addirittura a Londra, ci rende molto orgogliosi, soprattutto Piero che continua a mangiare pane e olio come antipasto, primo e secondo. (Al dolce, invece, non rinuncia.)

Mi scuso per questa mia orribile grafia, che non so più migliorare e che spero tu abbia saputo decifrare, vista l'esperienza con i manoscritti italiani. Un abbraccio affettuoso a te, a John e a tutti i tuoi cari.

Maria.

43.

4.03.03

[Transcribed from a letter]

4 March

2003

Dear Caroline,

I am emerging from weeks (or is it months?) of silence with a traditional letter: our technological tools are continuing to drive us mad and at this point I am declaring myself defeated and taking up my pen.

I'll explain briefly what is happening to us. It all started with the plan to restore the building in our courtyard opposite the house: the tenant left and instead of letting it out again we decided to convert it into two small flats. Anna is working on the plans in what little spare time she has, using the desktop computer, the modem of which is broken and would need major repairs to make it work. We are able to use the Internet with the laptop, but this one too has "behavioural" problems: it receives mail but won't send it.

While we are waiting to solve our technological headaches, I thought it would be a good idea to make contact in ink.

I tried using the laptop to write you a letter in capital letters to spare you the labour of deciphering my handwriting, but after I had already written a couple of pages, I lost the text from the screen and was not able to bring it back!

Here is no particular order is our latest news:

- Sara came back to Italy just over a month ago and is working for a big pharmaceutical company in Florence. She is living at home for the moment, but is already looking for a flat in town, preferably close to where she works. Naturally we all greeted her return with toasts and celebrations, but her "concrete" move back into the house was not entirely painless. Just imagine, in three and a half years living in the U.K. in a furnished flat she has managed to accumulate enough objects and rubbish to fill 22 cardboard boxes! All these boxes were unloaded by the carrier onto our doorstep and cluttered up our corridors for several days until Sara emptied them, stuffing books, sheets, clothes etc. in our drawers and cupboards. The atmosphere was pretty explosive in those first few days of cohabitation!

Looking at the time, I realise that, if I wrote everything that I would like to tell you, I wouldn't even be able to send this letter in three days time, quite apart from the pressing

43.

4.03.03

Cara Caroline,

riemergo da settimane (o forse mesi?) di silenzio con una lettera tradizionale: i nostri strumenti tecnologici continuano a farci ammattire e a questo punto mi dichiaro arresa e riprendo la classica penna in mano.

Ti spiego brevemente che cosa ci sta succedendo. All'origine di tutto c'è il progetto di ristrutturazione di quell'edificio che abbiamo nel cortile davanti a casa: l'inquilino se ne è andato e invece di riaffittarlo abbiamo deciso di trasformarlo in due piccoli appartamenti. Anna lavora al progetto negli scampoli di tempo, usando il computer fisso, il cui modem è saltato e necessiterebbe di una seria riparazione. Riusciamo a usare internet con il portatile, ma anche questo ha dei problemi "comportamentali": riceve la posta, ma non la spedisce.

In attesa di risolvere i nostri rompicapo tecnologici, ho pensato bene di rifarmi viva con la penna.

Ho provato a usare il portatile per scriverti la lettera in stampatello ed evitarti la fatica di decifrare la mia grafia, ma quando avevo già scritto un paio di pagine, ho perso il testo dallo schermo e non sono riuscita a farlo riapparire!

Ecco, in ordine sparso, le ultime notizie:

- Sara, da poco più di un mese, è tornata in Italia e lavora in una importante ditta farmaceutica di Firenze. Abita per ora qui in famiglia, ma sta già cercando una abitazione in città, possibilmente vicino al posto di lavoro. Naturalmente abbiamo tutti accolto il suo ritorno con brindisi e festeggiamenti, ma il suo trasferimento "concreto" in casa non è stato e non è indolore. Calcola che in tre anni e mezzo di soggiorno in U.K. in un appartamento ammobiliato è stata capace di accumulare oggetti e cianfrusaglie varie in tale quantità da riempire 22 scatole di cartone! Tutte queste scatole sono state scaricate dal corriere sulla porta di casa e hanno intasato i nostri corridoi per un bel po' di giorni, fino a che Sara non le ha vuotate, stipando libri, biancheria, vestiti ecc. ecc. nei nostri mobili. C'era molta elettricità nell'aria in quei primi giorni di convivenza!

Ho guardato l'orologio e mi sono resa conto che, se scrivessi tutto quello che vorrei dirti, non arriverei a spedirti questa lettera nemmeno tra tre giorni, anche perchè gli impegni quotidiani incalzano.

Oggi, fra l'altro, è il secondo compleanno di Giovanni e ora devo uscire per comprargli, non il regalo - perchè è ancora troppo piccolo per capire e "pretendere" - ma le candeline nuove per la sua torta.

need to attend to the daily chores.

Today is also Giovanni's second birthday and now I must go out to buy him – not a present, because he is still too little to understand or expect one – but new candles for his cake.

I'll postpone the rest of my news to another letter, hoping that it will be an email.

One last thought that I know brings us together: we are all very worried about the threats of war, but we cling to the hope that it is not inevitable. There are many of us in Italy who think like this.

Un abbraccio affettuoso to you and to John from all of us.

Maria

P.S. Could you please let me know by email if this reaches you.

P.P.S. For our visit to Edinburgh, there is nothing in our plans that cannot be altered. We'll talk about it in the next letter, all right?

Rimando a un'altra lettera, sperando che possa essere una e-mail, il resto delle cose da dire.

Un ultimo pensiero che so che ci unisce: siamo tutti molto preoccupati dalle minacce di guerra, ma ci ostiniamo a sperare che non sia inevitabile. In Italia siamo in tanti a pensarla così.

Un abbraccio affettuoso a te e a John da tutti noi.

Maria

P.S. Per favore, mandami un cenno di ricevuto sulla posta elettronica

P.P.S. Per la nostra visita a Edimburgo niente nei nostri progetti è immodificabile. Ne parleremo nella prossima lettera, d'accordo?

44.

4.04.03

Dear Caroline,

At last we have found the way to use email again (or at least I hope so). Sara has set up a new address for me with Yahoo and has also taught me how to get round some of the problems arising from the laptop keyboard. In fact, some of the keys seem to be suffering from a crisis of identity (which is why I can't do the accents and particularly not the @ sign for email addresses [in Italian *chiocciola* = snail]. This is the first letter that I have tried to write, so if you get it could you possibly send me an OK in return, otherwise I will go back to the traditional letter. At the same time, perhaps you could give me some advice for our journey to Scotland (Piero has listened to all our English language video cassettes and feels ready to take on the challenge). I notice that the Ryanair flight is supposed to arrive at Stanstead at 11.50. Will there be time to get a train for Edinburgh the same day? Another important question: will it be all right if I book tickets for the period 23rd (arrival) 28th (return)?

That's all for now. I feel uncomfortable about making holiday plans at a moment like this. On the other hand, I don't feel inclined to give up on the idea.

A presto.

Maria.

P.S. Perhaps for the next queries I will phone you. When would be a good time to call?

44.

4.04.03

Cara Caroline,

finalmente abbiamo trovato il modo di usare di nuovo l'e-mail (o almeno spero). Sara mi ha aperto un nuovo indirizzo tramite Yahoo e mi ha insegnato anche ad aggirare alcuni degli ostacoli che la tastiera del portatile ci frappone. Difatti alcuni tasti sembrano in crisi di identità (per cui non so trovare gli accenti e soprattutto la chiocciola degli indirizzi e-mail). Questa è la prima lettera che provo a scrivere, perciò se ti arriva fammi il piacere di mandarmi un semplice o.k. di risposta, altrimenti ricorrerò alla lettera tradizionale. Altrettanto sinteticamente dovresti, se puoi, darmi dei consigli per il nostro viaggio in Scozia (Piero ha ascoltato tutte le nostre video cassette con le lezioni di inglese e si sente pronto ad affrontare la sfida). Ho visto che l'arrivo a Stansted dell'aereo Ryanair è previsto per le 11.50. Sarà possibile fare a tempo a prendere un treno per Edimburgo nello stesso giorno? Un´altra domanda importante: va bene se faccio i biglietti per il periodo 23 (arrivo) 28 maggio (ritorno)?

Non aggiungo altro. Mi sento a disagio a fare progetti per le nostre vacanze in questi momenti drammatici. Però non mi sento neanche di rinunciare.

A presto

Maria

P.S. Forse per i prossimi consigli ricorrerò al telefono. A che ora posso chiamare?

45.

9.04.03

Dear Caroline,

We have the tickets for London. Since it is possible for you to have us from the Thursday (the idea of the choir in your school sounds wonderful) and since the price of the ticket for that day is better than for the Friday, we have bought tickets for the following dates: 22nd May, arrival, 28th May departure. Thank you for your suggestion that we stay until the following weekend, but........ we want to keep something to see in Scotland so that we will have an extra reason for coming back another time....

The price of the ticket is laughably low (the same as for a mid-price jersey) so, if even at the last moment there were any difficulties (I am thinking of problems relating to your parents' health), don't hesitate to postpone our trip.

As for the train, with Sara's help we have found the internet address of the trains that go to Scotland and are finding all the information we need. We won't need to stay the night in London but we feel somewhat reassured to know that we can send out an SOS to John's parents or to your daughter if need be (oh dear – in what language?).

That's all about the trip. Some more news about us and other things in the next letter.

Cari saluti e a presto.

Maria.

P.S. If you two find a cheap ticket before May and a couple of free days, why don't you fly over to see us?

45.

9.04.03

Cara Caroline,

abbiamo i biglietti per Londra. Visto che per voi è possibile accoglierci fin dal giovedì (l'idea del coro nella tua scuola mi piace un mare) e visto che il prezzo del biglietto per questo giorno è più conveniente che per venerdì, abbiamo acquistato i biglietti per queste due date: 22 maggio arrivo, 28 maggio partenza. Ti ringrazio per la tua proposta di prolungare la nostra vacanza fino al fine settimana successivo, ma....vogliamo serbarci ancora qualcosa da vedere della Scozia e avere così un motivo in più' per tornarci...

Il prezzo del biglietto è veramente irrisorio (quanto un maglione di media qualità), perciò se anche all'ultimo momento ci fossero delle difficoltà (penso a problemi legati alla salute dei vostri genitori), non farti scupolo a chiederci di rinviare il nostro viaggio.

Quanto al treno, con l'aiuto di Sara abbiamo trovato l'indirizzo internet delle ferrovie che portano in Scozia, e stiamo cercando di avere tutte le informazioni che ci servono. Non avremo bisogno di pernottare a Londra, ma ci dà una certa sicurezza sapere di poter lanciare un SOS ai genitori di John o a tua figlia in caso di necessità (ahimè, in che lingua?)

Questo per il viaggio. Alla prossima lettera due chiacchiere su di noi e su altre cose.

Cari saluti e a presto

Maria

P.S. Se da qui a maggio trovate un biglietto-convenienza e un paio di giorni liberi, perchè non fate un volo da noi?

46.

1.05.03

Dear Caroline,

Turning over the calendar to the next page I realised that the date of our departure is getting close. Here the weather is almost like summer, and we are eating outside in the courtyard, even in the evening. This morning I began putting away our winter clothes, but keeping in mind what you said in your last letter, I have left jerseys and woollen shirts on the top.

Sara is in London staying with a friend until Sunday (Mayday is a holiday here in Italy) and will make enquiries about our journey while she is there: she will also make the bookings for us. If there are any problems I'll turn to you for help!

As I write, I can hear, quite nearby, the band that marches with the Mayday procession. The procession ends in Piazza Ginori and there will be various speakers. At the moment they are playing "Bella Ciao"....[famous song of the Italian partisans] This is a difficult moment politically, however, because the coalition is facing a crisis for a wide variety of reasons. We will tell you about this when we see you.

Piero is in the piazza and will be home for lunch. As I said, the weather is very warm and a group of close friends are coming to lunch.

This week, from Sunday until yesterday afternoon, we have been out a lot together visiting Florence and the surrounding area with a couple of old friends from Milan. He is a doctor and was here for a conference. They are very similar, in their lively interests and friendliness, to you and John, and so I found myself often thinking about you both and the pleasure of being with you.

I would love one day to bring together all the people I like best and with whom I feel happiest.

I must go into the kitchen now. For the lunch itself there is not much to do because our friends bring most of the food. But what I have to do is tidy up: the chores to be done by the rest of the family (at the moment everyone is living here) which works quite well for lunch and supper, thanks to a rota, but at breakfast.... everyone rushes for the door and I have to see to everything.

I'll write again to give you details of our journey.

By the way: for us everything about Scotland is new, as you well know, so don't plan any routes or trips that will be too tiring for you both, given that you have to go back to work immediately afterwards.

46.

1.05.03

Cara Caroline,

cambiando la pagina del calendario mi sono resa conto che ormai la nostra partenza si avvcina. Qui il clima è quasi estivo, tant'è vero che noi mangiamo nel cortile anche per la cena. Ho cominciato stamani a mettere via gli indumenti invernali, tenendo però bene a mente le raccomandazioni della tua ultima lettera, e ho perciò lasciato in superficie maglioni e camicie di lana.

Sara è a Londra da un'amica fino a domenica (qui in Italia il Primo Maggio è festa) e si informerà direttamente per il nostro viaggio in treno: dovrebbe fare per noi anche le prenotazioni. Se poi ci fossero dei problemi chiederò aiuto a te!

Mentre scrivo si sente, piuttosto vicina, la banda musicale che accompagna il corteo del Primo Maggio. Poi, in piazza Ginori, il corteo si conclude, e ci saranno diversi oratori che parlano. In questo momento suonano "Bella ciao"....Per il sindacato però sono momenti difficili, perché l'unità è in crisi, per tanti motivi. Ne parleremo.

Piero è in piazza e tornerà a casa per l'ora di pranzo. Il tempo, come ti dicevo è bellissimo e caldo e abbiamo a pranzo da noi un gruppetto di amici fedeli.

In questi giorni, da domenica a ieri pomeriggio, siamo usciti spesso in giro per Firenze e dintorni con una coppia di vecchi amici di Milano. Lui è un medico, e partecipava a un congresso. Assomigliano moltissimo, per vivacità di interessi e simpatia personale, a te e a John, e così mi è capitato spessissimo di pensare a voi e al piacere di stare insieme a voi.

Mi piacerebbe un giorno riunire tutte le persone a cui voglio bene e che mi "fanno star bene".

Ora scendo in cucina. Per il pranzo vero e proprio non c'è molto da fare dato che gli amici vengono con buona parte delle vettovaglie.

Però devo mettere in ordine: la collaborazione del resto della famiglia (in questo momento siamo tutti qui) funziona abbastanza bene per il pranzo e per la cena, grazie a una tabella dei turni, ma per la colazione... c'è un fuggi fuggi generale e provvedo io.

Ti scriverò di nuovo per darti notizie sull'organizzazione del nostro viaggio.

A proposito: per noi la Scozia è tutta una novità, come ben sai, perciò pensa a percorsi e itinerari che non vi stanchino troppo, visto che poi devi tornare al lavoro.

C'è qualcosa di particolare che vi piacerebbe avere dall'Italia? Penso anche a qualche pubblicazione, catalogo di mostre, ecc. che posso cercare per voi. Dimmelo senza riserve.

Is there anything in particular you would like from Italy? I was thinking also about books, exhibition catalogues, etc. that I could get hold of for you. Don't hesitate to let me know.

Ti abbraccio con affetto. A presto.

Maria.

P.S. The Italian tradition is the same: Catherine will soon be a bride [she caught the bride's bouquet at a wedding].

Ti abbraccio con affetto. A presto

Maria

P.S.

Anche secondo la tradizione italiana, Catherine sarà presto sposa

47.

12.05.03

Dear Caroline,

Quite a time has passed since I last wrote, but Sara only found time yesterday to look for the train times on the internet and then phone the railway company to find out the information I needed. Here is a summary of how we intend (and hope) to get to Edinburgh: if there is something that does not seem right let me know.

From Stanstead (we arrive about 11) we will go to Kings Cross by train and then underground (Sara will give us detailed instructions before we leave). The trains to Edinburgh are fairly frequent. We are thinking of taking the 17.00. We haven't booked because they told us on the phone that it wasn't necessary. I have worked out that six hours will be enough to allow for delayed flights and likely mistakes in finding the right train (how will we know if we are going in the right direction for London rather than Wales?) and waiting for the taxi that we will eventually have to take to extricate ourselves from the London underground. We should arrive at Edinburgh at 21.17. We will eat on the train. When we arrive, we'll take a taxi and get it to take us to your address.

In case of emergency, we will wear a label with your telephone number and address around our necks, like little children, and will throw ourselves on the mercies of the Social Services and get them to deliver us to you.

Do you think this timetable will work?

Another question; in your last letter you mentioned that we might bring walking boots. Shall we? Would the light boots we use for Monte Morello be all right? I hope that I can come as well on the walk you mentioned: I have already been for a couple of long walks and, even if I go slowly, I catch up with the others in the end. If it's uphill, we can talk on the way down.

Ti abbraccio con affetto. A presto.

Maria.

47.

12.05.03

Cara Caroline,

mi faccio viva dopo un bel po' di giorni, ma solo ieri Sara ha trovato il tempo per cercare le informazioni su Internet e poi telefonare alla Società ferroviaria e chiedere quelle precisazioni che mi servivano.Ti scrivo sinteticamente come intendiamo (e speriamo) di arrivare a Edimburgo: se c'è qualcosa che ti sembra inesatto correggimi.

Da Stansted (arriviamo intorno alle 11) ci muoviamo per King's Cross con il treno e poi la metropolitana(Sara ci darà le istruzioni dettagliate prima della partenza). Il treno per Edinburgh è piuttosto frequente. Pensiamo di prendere quello delle 17,00. Non abbiamo prenotato perché ci hanno detto per telefono che non è necessario. Ho calcolato che sei ore di tempo ci possano servire per eventuali ritardi dell'aereo, probabili errori di scelta del treno (come fare per capire che siamo diretti a Londra invece che nel Galles ?) e attesa del taxi a cui alla fine faremo ricorso per districarci nella metropoli londinese. Dovremmo arrivare a Edimburgo alle 21,17. Mangeremo in treno. All'arrivo prenderemo un taxi e ci faremo portare al vostro indirizzo.

Per ogni imprevisto, porteremo con noi, appeso al collo, come fanno i bambini, il vostro numero di telefono e l'indirizzo e ci affideremo ai Servizi Sociali per farci recapitare da voi.

Ti sembra che questo programma possa andare ?

Un'altra domanda: in una tua lettera precedente parlavi dell'opportunità di portare gli scarponi da trekking. Confermi? Vanno bene gli scarponcelli che usiamo per Monte Morello? Spero di poter venire anch'io a fare quella camminata di cui parlavi: ho fatto già un paio di lunghe passeggiate e, anche se vado piano, arrivo dove gli altri. Se è salita, parleremo tra noi scendendo.

Ti abbraccio con affetto. A presto

Maria

48.

13.05.03

Dear Caroline,

Thank you, but you don't need to worry about the train tickets: we have special tickets that should allow us to travel on the train free (Piero worked with the Italian Railways). I use the conditional tense because we will only know for sure when we are on the train. The information got from the internet and the previous experiences of my daughters (phone calls to the relevant offices, both in the UK and in Italy, have cast no light on the matter) lead us to hope that it will work.

Thank you and cari saluti,

Maria.

48.

13.05.03

Cara Caroline

grazie, ma non importa che ti preoccupi per i biglietti del treno: abbiamo dei biglietti "privilegiati" che ci dovrebbero permettere di viaggiare gratis sul treno (Piero era dipendente delle ferrovie italiane). Uso il condizionale, perché la sicurezza totale l'avremo solo sul treno. Le informazioni raccolte via internet e l'esperienza precedente dei miei figli (le telefonate agli uffici competenti, sia in U.K. sia in Italia, non ci hanno illuminato di più), ci fanno ben sperare.

Grazie e saluti cari

Maria

49.

14.05.03

Thank you for the further information. However, since we are not buying tickets nor even reserving seats (in fact Sara phoned to see if we could book a seat but it was not possible to get a clear answer) I think that if we get the train in London it will be easier to find a free seat [I had suggested they went from Stanstead to Peterborough to catch the Edinburgh train there]. The plan is: as soon as we arrive at Kings Cross (and I'm sure we will manage to get there: I was somewhat exaggerating our uselessness as travellers!) we will get a seat on the first train to Edinburgh. We are bound to get something sooner or later. If we arrive earlier than 21 (I can't remember the exact time) I'll phone you from Edinburgh station.

We could take the shorter route for our return.

Thank you again.

Maria

49.

14.05.03

Grazie del supplemento d'informazione. Però, visto che non facciamo biglietti e neanche prenotazione (veramente Sara ha telefonato per sapere se potevamo prenotare il nostro posto, ma non ci è stato possibile avere una risposta chiara) penso che se prendiamo il treno a Londra sia più facile trovare un posto libero. Faremo così: appena arriviamo a Kings Cross(e non dispero di arrivarci: ho esagerato un po' per scherzare sulla nostra goffaggine di viaggiatori) cerchiamo subito un posto sul primo treno per Edimburgo. Prima o poi partiremo. Se arriviamo prima delle 21 e... (non ricordo i minuti) ti telefoniamo dalla stazione di Edimburgo.

Potremmo utilizzare il percorso più breve per il ritorno.

Grazie di nuovo.
Maria

50.

21.05.03

Dear Caroline,

Thank you for the "tourist" information and for all the phone numbers in case of emergency. Let's hope we won't need them.

I wrote you a short message last night, but opening my email today I find that I have sent it to myself (I made a mistake in entering the heading). You had anticipated and already answered one of my questions (what number to dial when phoning in the UK).

Here is the number of the mobile phone that Sara has lent me to use when in England: [0044 …………..]. At this point the likelihood of not being able to reach us on this number is practically zero!

One last piece of information might be useful for you, which is what I had written in yesterday's message. You will find a Maria with a very different appearance: it is not so much a question of my shape (though I have put on a few kilos in all the wrong places), but my hair, which is now completely white because I stopped dyeing it a few months ago. You can tell me what you think of it.

See you very soon,

Maria.

P.S. We have packed umbrellas and sunglasses: we are ready for anything.

50.

21.05.03

Cara Caroline,

grazie per le informazioni "turistiche" e per tutti i numeri di telefono per evenutali SOS. Speriamo che non servano.

Ti avevo scritto un breve messaggio ieri sera, ma aprendo oggi la posta mi sono accorta che l'avevo inviato a me stessa (ho fatto un errore nell'impostazione della rubrica).
A una mia domanda (quale numero fare per chiamarti in U.K.) mi hai già risposto prevenendomi.

Ti scrivo il numero del cellulare che ci ha prestato Sara, da usare sul territorio inglese 0044[..........]. A questo punto il rischio di non trovarci è praticamente zero!

Può però tornare utile un'ultima informazione, che avevo appunto scritto nel messaggio di ieri. Troverai una Maria con un aspetto molto diverso: non si tratta di linea (anzi, ho qualche etto di più nei posti sbagliati), ma di capelli, che sono tutti bianchi perché ho smesso da qualche mese di tingerli. Poi mi dirai la tua impressione.

A prestissimo

Maria

P.S. Abbiamo preparato ombrello e occhiali da sole: siamo pronti a tutto.

51.

29.05.03

Dear Caroline,

Just a quick note to let you know that we are back home. The return journey came up to the standards of the whole of the holiday, especially in the comfortable first class carriage! We arrived at Pisa airport almost an hour late, but luckily Lorenzo had come to meet us in the car so there were no problems with getting to Florence. Endrio was with him, coming to keep him company on the journey there.

I still have to unpack the luggage and distribute the presents. We have already, however, been telling everyone about how we were thoroughly spoiled by you while we were with you. As you will remember, I had promised myself not to show too much enthusiasm, as required by an old and approved family tradition, but Piero was the one to open the flood gates and I followed in his tracks relating all the details. I could see that the rest of the family were happy for us, without making us feel we had been neglecting our family obligations.

Anna and Simone have informed us that they are moving tomorrow. They have rented a self-catering flat for the month of June in an agriturismo [similar to a gîte] in the hills. As a result we shall have more room for guests: keep this in mind for yourselves and your daughters.

Thank you again so much for your extraordinarily affectionate and generous welcome.

Un abbraccio and hoping that you will both soon be here with us again.

Maria

P.S. When you have read *Alla Grande,* tell me what you think of it.

51.

29.05.03

Cara Caroline,

due parole, per dirti che siamo di nuovo a casa. Il viaggio di ritorno è stato all'altezza di tutta la vacanza, soprattutto nella confortevole carrozza di prima classe! All'aeroporto di Pisa siamo arrivati con quasi un'ora di ritardo, ma per fortuna era venuto Lorenzo con la macchina, quindi non ci sono stati problemi per raggiungere Firenze. Con lui c'era Endrio, che gli ha fatto compagnia durante il viaggio di andata.

Devo ancora disfare le valigie e distribuire i regalini. Abbiamo invece già cominciato a raccontare di quanto siamo stati "coccolati" da voi per tutti questi giorni. Mi ero ripromessa, come ti ricorderai, di non ostentare troppo entusiasmo, per una vecchia e collaudata strategia familiare, ma Piero ha rotto gli argini e io gli sono andata dietro raccontando tutti i particolari. Ho visto che condividevano la nostra gioia, senza farci pesare la nostra lontananza dagli "obblighi" familiari.

Anna e Simone ci hanno comunicato che domani traslocano: hanno preso in affitto per il mese di giugno un monolocale in un agriturismo in collina. Abbiamo cosi libera una stanza e potremo sistemare meglio eventuali ospiti: tienilo presente per voi e per le tue figlie.

Di nuovo grazie di cuore per la vostra accoglienza straordinariamente affettuosa e generosa.

Un abbraccio e un augurio di avervi presto tra noi

Maria

P.S. Quando hai letto "Alla grande " fammi sapere che cosa ne pensi.

52.

10.06.03

Dear Caroline,

I am writing to you from the upstairs bedroom (ex kitchen). It is almost dark in the room and I can only see the letters on the keyboard thanks to the light from the screen. The unbearable heat that we have been experiencing here (to think, it is much cooler in Palermo!) is forcing us to live like hermits in a cave [lit. "as if in the catacombs"]. At about 10 in the morning we close the shutters and windows and shut ourselves up in the house, preferably on the ground floor where it is cool. In the bedrooms we have ceiling fans and we turn them on either to sleep or to study. The odd one out in this situation is Lorenzo who is still sleeping with a woollen blanket on his bed........ but perhaps is it because he is so thin!

The summer arrived so suddenly and early that all the flowers have rushed into bloom. I returned from Scotland still remembering the scent of your lilac and in the space of just a few days first the jasmine, then the lime tree and the magnolia flowered in rapid succession. The scent of the lime in particular is noticeable from a long way off. As she does every year, my mother says "it's the scent of the Ottava" [the Octave], a religious festival that used to be celebrated with great solemnity before the Council [the Second Vatican Council of 1962] or, "it's the scent of the procession" because the Ottava procession went around the village and into the gardens of the aristocratic villas that were opened by their owners for the occasion.

Today, however, the flowering of the lime trees is monitored anxiously by our allergic friends. Before coming to eat at our house, poor To An stuffs himself with antihistamines so that he does not started sneezing and weeping...

The booklet that I left at your house arrived the other day. Thank you! It arrived on the same day as the postcard we sent from Edinburgh: the mysteries of the Italian postal system!

Yesterday I collected the photos and today, after lunch, by the light of the lamp (almost like midwinter in Scotland) we arranged them in an album: so now the stories and explanations can start again. Many of our friends have wanted to hear about our trip, especially those who have always seen us as staying at home and find it difficult to imagine us exploring foreign parts.

I'll get some copies made and will send them to you.

Since I returned home until two days ago I continued to live like a tourist with the friends I told you about, Silke from Berlin and Catherine from France: together with them I went on a trip to the Chianti area and to Versiglia. The other days, as old

52.

10.06.03

Cara Caroline,

ti scrivo dalla camera (ex cucina) al piano di sopra. La stanza è quasi al buio e trovo le lettere della tastiera grazie alla luce dello schermo. Il caldo terribile che già da più di una settimana si fa sentire soprattutto nella nostra città (pensa che a Palermo fa molto più fresco!) ci costringe a vivere come nelle catacombe. Verso le 10 di mattina chiudiamo persiane e finestre e ci rintaniamo in casa, preferibilmente al piano terreno che è fresco. Nelle camere abbiamo i ventilatori al soffitto e li accendiamo, o per dormire, o per stare a studiare. La mosca bianca di questa situazione è Lorenzo che dorme ancora con una copertina di lana.....ma è tanto magro....sarà per questo!

Questa estate esplosa così in anticipo ha fatto galoppare anche le varie fioriture. Sono tornata dalla Scozia con ancora ben vivo l'odore della lilla e nel giro di pochi giorni nel nostro giardino sono fioriti in rapida successione prima il gelsomino, poi il tiglio e la magnolia. Soprattutto l'odore del tiglio si sente anche da molto lontano. La mia mamma, come tutti gli anni, commenta così, "che odore di Ottava" (una festa religiosa che veniva celebrata prima del Concilio con una certa solennità) oppure, "che odore di processione", perché appunto, per l'Ottava, la processione sfilava per il paese e entrava nei giardini delle ville signorili, aperte per l'occasione dai loro padroni.

Oggi però la fioritura del tiglio viene seguita con apprensione dai nostri amici allergici. Il povero To An, prima di venire a pranzo da noi si imbottisce di antistaminici, altrimenti comincia a lacrimare e a starnutire....

E' arrivato qualche giorno fa il fascicolo che avevo lasciato a casa tua. Grazie! L'ho ricevuto lo stesso giorno della cartolina che ci eravamo spediti da Edimburgo: misteri delle poste italiane!

Ieri ho ritirato le foto e oggi, dopo pranzo, alla luce della lampada (quasi come in pieno inverno in Scozia) le abbiamo sistemate in un album: poi ricomincerà il momento dei racconti e delle spiegazioni. Sono in tanti a chiederci del nostro viaggio, soprattutto amici che ci hanno visto fare sempre vita sedentaria e che non sanno immaginarci in giro in terra.... straniera.

Farò delle copie e te le spedirò.

Dal giorno del mio ritorno a casa fino a due giorni fa ho continuato a fare vita da turista con le amiche di cui ti avevo parlato, Silke di Berlino e la francese Catherine: insieme con loro ho fatto una gita nel Chianti e una in Versilia.Gli altri giorni, da veterane di Firenze, sono andate in giro per musei per conto loro.

Florence hands, they went to the museums on their own. You, if I remember correctly, must have been going through an ordeal by fire. I hope your pupils in Edinburgh, including the one who was ill, did well and that in Wales, where you went to do some examining, solutions were found to the problem of....Italian football and...........the birth-rate..... [topics chosen by candidates for their A-Level oral exams].

Have you made any plans for this summer? It's been two years now since John was in Italy. Doesn't he feel the need to decipher some ancient Italian inscription? The same goes for your daughters, as I have said before.

You are always welcome here [. . . .]

Un abbraccio forte e un pensiero affettuoso to you and to all the people you look after.

Maria.

Tu invece, se ricordo bene, devi avere avuto un periodo di fuoco: spero che i tuoi alunni di Edimburgo, compreso quello malato, abbiano fatto bella figura e che nel Galles, dove sei andata a fare esami, si sia trovata.....una soluzione alla crisi del calcio italiano.. e al problema della natalità....

Avete fatto programmi per questa estate? Ormai sono due anni che John manca dall'Italia. Non sente il bisogno di decifrare qualche antica lapide italiana?

A casa nostra sarete a casa vostra (gioco di parole inventato da me per dirvi che vi aspettiamo)

Lo stesso vale naturalmente per le tue figlie, come già siamo d'accordo.

Un abbraccio forte e un pensiero affettuoso per te e per tutte le persone di cui ti prendi cura

Maria

Scotland

53.

13.06.03

Dear Caroline,

I forgot to ask you the most important thing: have you found out about the Italian course in Florence?

Whatever happens, we will be beginning to paint "your bedroom" next week.

Saluti cari

Maria.

P.S. Just this morning I received the email from Mrs W. with information about the English course in Edinburgh for the niece of our friends in Milan. I have already replied to her. If you see her, please thank her for me.

53.

13.06.03

Cara Caroline,

ho dimenticato di chiederti la cosa più importante: ti sei informata per il corso di italiano a Firenze?

Noi, comunque, la prossima settimana cominciamo a rimbiancare la "tua stanza"

Saluti cari

Maria

P. S. Proprio stamani ho ricevuto l'e-mail della signora Willie per le informazioni sul corso di inglese a Edimburgo per la nipote dei nostri amici di Milano.Le ho già risposto. Se la vedi ringraziala anche tu da parte mia.

54.

20.06.03

Dear Caroline and John,

Here are the photos we took. Some may be "duplicates" because I remember that John also took some in the same places; others may seem "superfluous" like the one of your Aga, the heart of the house, but I wanted to send them anyway to remember with you the words, thoughts and impressions of our wonderful holiday.

Un abbraccio.

A presto, I hope.

Maria

54.

20.06.03

Cara Caroline e caro John,

ecco le foto scattate da noi. Alcune forse sono dei "doppioni", perchè ricordo che anche John ne ha scattate diverse negli stessi luoghi; altre potranno apparire "superflue" come la tua Aga, il cuore della casa, ma ho voluto comunque spedirle per ricordare insieme a voi parole, pensieri, sensazioni delle nostre belle giornate di vacanza.

Un abbraccio

A presto, spero

Maria

55.

5.07.03

Wonderful news! [I had been accepted on the Florence course again] Now John should plan at least a weekend to come and join you (us) during that time.

If I don't answer your messages immediately, when you write, it is because I am not always at Sesto: every now and then I go to the sea, on our [Tuscan] coast, for a few days to do my duty as grandmother: it is not a holiday, but more like forced labour!

A presto,

Maria.

55.

5.07.03

Che bellezza! Ora anche John dovrebbe programmare almeno un fine settimana per raggiungerti (ci) nello stesso periodo.

Se non ti rispondo subito, quando mi scrivi, è perché non sono sempre a Sesto: vado ogni tanto al mare, sulla nostra costa, per qualche giorno a fare la nonna: non è una vacanza, sono lavori forzati!

A presto

Maria

Maria and Caroline

56.

19.07.03

Dear Caroline,

Thank you for your lovely (how well you create an atmosphere with your descriptions!) and long letter. Almost two weeks have passed since then. I think we have agreed that, normally, we need not feel obliged to reply immediately? This time, however, I think I must be a bit quicker, because......... it is almost September and I would like you both to think about our suggestions and organise yourselves accordingly. So, you will be in Italy and we don't want to pass up this chance to spend a bit of time with you, medieval manuscripts permitting.... Piero and I have these two possible suggestions:

1 – we will come to see you in Rome and spend two or three days with you, possibly in the period before the opening of the Vatican Library so that we can see John as well

2 – you come first to Florence to our house (perhaps with one of the cheap Ryanair flights London-Pisa). After a day or two we could drive in our car down to Rome over two or three days stopping off in the Maremma and northern Lazio. These are areas that we don't know very well (I visited the Etruscan area at the time I was writing my thesis, 35 years ago) and we would love to visit them with you. We have heard that Viterbo, in particular, is a small medieval town that is worth seeing. Anyway, as you know very well, if we travel between Tuscany and Lazio we are bound to come across many interesting places. (Or is it a region you know well?)

Then we will leave you in Rome for the period when the Library is open (I think it opens on the 15th September, doesn't it?) and we will go home. I don't think you would have any problems getting back to Pisa for the flight home. What do you think?

Think about it and let us know in due course. We would really enjoy to do this.

If you have a third alternative, we could discuss that together.

On the 1st August we are going to the mountains, but I will get my emails read by whoever is still at home and get them to tell me.

That is all for now, except to say that I am thinking with envy of your "horrible" summer: we are exhausted by the unremitting heat. During the week (Mondays to Fridays) I am at the sea with Giovanni; it is not as tiring looking after him now as it was at first, but even here there is no escape from the heat..... I should have been born in Norway...

One more thing in haste: if you don't come to stay with us in October........ we will be almost offended......... we will feel rejected.

Un abbraccio affettuoso to you and to John.

A presto,

Maria

56.

19.07.03

Cara Caroline,

rispondo alla tua bella (che atmosfera sai creare con le tue descrizioni !) e lunga lettera. Sono passate quasi due settimane. Normalmente per la nostra corrispondenza non ci facciamo problemi di tempi di risposta più o meno lunghi, vero? Questa volta però credo di dover affrettarmi, perché.... settembre è vicino e vorrei che voi poteste prendere in considerazione le nostre proposte e organizzarvi di conseguenza. Dunque, sarete in Italia e noi non vogliamo perdere l'occasione di passare un po' di tempo con voi, codici medievali permettendo... Piero ed io abbiamo pensato a queste due possibilità:

1- vi raggiungiamo a Roma e passiamo con voi due o tre giorni, magari nel periodo precedente l'apertura della Biblioteca vaticana, per poter vedere anche John

2 - voi venite prima a Firenze a casa nostra (magari con uno degli economici voli Ryanair Londra-Pisa). Dopo un giorno o due partiamo con la nostra macchina e facciamo insieme il viaggio fino a Roma in due o tre giorni fermandoci nella zona della Maremma e dell'alto Lazio. Sono luoghi che conosciamo solo in parte (la zona etrusca l'ho visitata al tempo della mia tesi, 35 anni fa) e ci piacerebbe visitarli insieme a voi. Viterbo in particolare, ci dicono che è un piccolo centro medievale che merita di essere visto. Comunque, come ben sapete, se ci muoviamo tra Toscana e Lazio troveremo senz'altro tante piacevoli sorprese. (O è una zona che conoscete già bene?)

Poi vi lasciamo a Roma per il periodo di apertura della Biblioteca (mi pare che sia il 15 di settembre, vero?) e torniamo a casa. Per prendere l'aereo a Pisa, per il ritorno, non ci dovrebbero essere problemi. Che ne dite? Pensateci un po' e poi facci sapere qualcosa. A noi farebbe molto molto piacere.

Se poi hai in mente una terza soluzione vedremo insieme.

Il primo di agosto partiamo per la montagna, ma farò leggere la posta a chi resta a casa e mi farò riferire.

Non aggiungo altro, se non che sto pensando con invidia alla vostra "brutta" estate: siamo estenuati dal caldo che non dà tregua. Durante la settimana (dal lunedì al venerdì) sono al mare con Giovanni; non è più così faticoso stare con lui come nei primi giorni, ma neanche lì c'è scampo all'afa...Dovevo nascere in Norvegia...

Un'ultima sintetica cosa: se a ottobre non vieni da noi.....quasi quasi ci offendiamo......ci sentiremmo respinti

Un abbraccio affettuoso a te e a John

A presto

Maria

57.

27.07.03

Dear Caroline,

If I was too late to arrange something for September (I always think in terms of train travel, where you can even buy a ticket when you get on the train, nor not buy one at all as is the case for some privileged people like us....) let's think about October.

I hope that John can allow himself a long weekend so that he can spend a few days with us. As for arranging your accommodation, I remember that the last time you filled in our address on the form and that I phoned [the British Institute] around September to let them know that we could provide hospitality for YOU but no one else. I recall also that the woman organising things was more than happy to have one participant already sorted out. We will do the same this time.

It is hardly necessary to say that here everyone is very happy to have the delightful Caroline to stay again. As for me, since, unlike the last two times, I shall be free from work obligations, I hope that I can be more useful to you, if only in reducing your travelling time into Florence. As for Rome, we will await your phone call, as soon as you arrive (an email before you leave would also be all right, telling us what day would suit for us to meet up). We will definitely come.

I'll give you Piero's mobile number as well as he is almost always reachable: [............].

Thank you for the renewed invitation to Lorenzo for the Edinburgh Festival. He smiled in his characteristic way when I told him (told him again, in fact, since I had already mentioned it to him when we returned from Scotland), he thanks you but has already made other plans. At the moment he is alternating study (in which he is doing pretty well and without too much effort) with short trips away with his friends. He helped out for four or five days at the scout camp and tomorrow goes to Trieste where a good friend of his is a student at a university famous for physics and will stay there until Friday. Many thanks for your affectionate concern for our son.

So, I'll conclude this letter, the last I think until September: I wish you a good Festival with your many and interesting guests (you can tell me all about it in October), enjoy the Wagner, and.....don't catch cold!

Abbracci affettuosi

A presto,

Maria

57.

27.07.03

Cara Caroline,

se per settembre sono arrivata in ritardo (ragiono sempre con i tempi delle ferrovie, dove si può fare anche il biglietto sul treno, o non farlo per niente come succede per alcuni privilegiati come noi...) pensiamo subito ad ottobre.

Spero che John possa prendersi un bel fine settimana allargato in modo da passare un bel po' di giorni insieme a noi. Quanto alla tua sistemazione, ricordo che l'ultima volta tu segnalasti nella tua scheda il nostro indirizzo e che anch'io avvertii per telefono della nostra disponibilità ad accogliere TE e nessun altro, intorno a settembre. Ricordo anche che la signorina organizzatrice era molto contenta di avere una situazione già risolta. Faremo lo stesso.

Inutile dire che qui, a tutti, l'idea di avere di nuovo Caroline tra noi, con la sua vivace gentilezza, fa un piacere immenso. Io poi, visto che rispetto alle altre due volte sarò libera dagli impegni di lavoro, spero di poterti essere più di aiuto almeno nel ridurre i tempi degli spostamenti a Firenze.

Quanto a Roma, aspettiamo la vostra telefonata, appena sarete arrrivati (va bene anche un' e-mail prima di partire, con l'indicazione del giorno più adatto per passare un po' di tempo con voi). Vi raggiungeremo senz'altro.

Ti scrivo comunque anche il numero di cellulare di Piero che è sempre o quasi raggiungibile [..........]. Ti ringrazio per l'invito che hai rinnovato a Lorenzo per il festival di Edimburgo. Ha sorriso, come fa lui, quando glielo ho detto (anzi, ridetto, perché gliene avevo già parlato quando siamo tornati dalla Scozia), ti ringrazia, ma ha, fortunatamente, altri programmi. In questo periodo sta alternando lo studio (in cui riesce con discreto successo e senza fatica) a brevi periodi di vacanza con dei suoi amici. Ha dato una mano per quattro o cinque giorni al campo scout e domani partirà per Trieste, dove un suo buon amico frequenta una famosa università di fisica e rimarrà lì fino a venerdì.. Ti ringrazio di cuore della tua premura affettuosa per questo nostro ragazzo.

Allora, concludo qui questa che credo sarà l'ultima lettera fino a settembre: vi auguro un buon festival con i vostri numerosi e interessanti ospiti (a ottobre mi racconterai tutto), godetevi Wagner, e....non prendete freddo!

Abbracci affettuosi

A presto

Maria

58.

26.11.03

Dear Caroline,

I have only just read your message of the 21st and am hastening to write to you because, even if you have already made your plans for next summer (Istanbul!), I hope I am in time to "book" you both for early September: Teresa is getting married on the 4th September (if I remember rightly it was already being talked of when you were here) and you and John are invited to the wedding. Naturally you will stay with us (Anna and Simone will certainly be elsewhere). Think about it, plan your work obligations and arrange things so that you can stay with us for a bit longer after the wedding so that we can go on a trip somewhere together. I won't add anything more except that we should be very happy to have you with us on the occasion of this family celebration...A more leisurely letter follows to give you the latest family news.

Maria.

P.S. You can leave making up your minds to the last minute if John does not yet know whether he will be free.

58.

26.11.03

Cara Caroline

ho appena letto il tuo messaggio del 21 e mi affretto a scriverti perché, anche se avete già fatto il programma per la prossima estate (Istanbul!), spero di fare in tempo a "prenotarvi" per i primi giorni di settembre: Teresa si sposa il 4 di settembre (se non ricordo male se ne parlava già quando eri da noi) e tu e John siete invitati al matrimonio. Naturalmente vi sistemerete da noi (Anna e Simone saranno sicuramente altrove). Pensateci un po', considerate i vostri impegni e programmate in modo da trattenervi un bel po' di giorni anche dopo il matrimonio per andare insieme da qualche parte. Non aggiungo altro se non che ci teniamo tanto ad avervi con noi in questa occasione di festa familiare. Segue lettera più "distesa" per aggiornarti sugli ultimi fatti di famiglia

Maria

P.S. Potete decidere anche all'ultimo momento, se John non può sapere prima i suoi impegni

59.

December 03 Transcribed from a letter

Dear Caroline and John,

In this envelope you will not find a traditional Christmas present: instead I am sending some little "thoughts" in the proper sense of the word, since they were chosen "thinking" of you both and your interests, either while I was out shopping (for example, the calendar from the supermarket) or while I was rearranging the bookshelves (for example, the booklet about the Bibiloteca Laurenziana). They are meant to show that we feel ourselves near to you. Affectionate greetings for Christmas from all the family.

Maria.

P.S. For next September, when Teresa gets married, try to arrange things so that you can stay in Italy for another five or six days: we could go together to the mountains and Abetone, to "our" house.

59.

Dicembre 03

Cara Caroline e caro John

In questa busta non trovate un regalo di Natale tradizionale: ho inserito solo dei piccoli "pensieri" nel senso vero della parola, in quanto scelti"pensando"a voi e ai vostri interessi, o mentre facevo la spesa (v. calendario del supermercato) o mentre riordinavo la libreria (v.fascicolo della biblioteca laurenziana). Vogliono essere il segno che vi sentiamo vicini. Auguri affettuosi da tutta la famiglia

Maria

P.S. Per il prossimo settembre, in occasione del matrimonio di Teresa, programmate di rimanere in Italia per altri cinque o sei giorni: potremmo andare insieme in montagna all'Abetone, nella "nostra" casa.

60.

22.12.03

Dear Caroline,

The baggage straps with our name on them arrived three or four days ago. Thank you! A really clever present and very useful, appreciated in primis by our roaming offspring who will use them at the first opportunity. The many friends who arrive at the house and to whom I show them are amazed because they haven't been seen here before. It seems strange that, in a "globalised" world like ours, this idea has not travelled beyond the shores of Great Britain! Can it be the concern to hang onto one's own identity when travelling?

While I write, Giovanni, who is just back from nursery and no longer has his afternoon nap, is "playing" with the *Capannuccia* (We Tuscans call the *presepe* [Christmas crib] the *capannuccia* because it is usual to arrange the Holy Family in a *capanna* [shed]). For our crib this year we used one made of cardboard and Das (modelling clay that hardens in the air) made a few years ago by the pupils of our school and based on the peasant house here in Sesto that has been restored and is intended, among other uses, to house the museum of peasant life. (How is it that I have it? It is not a case of embezzlement! The fact is that at the school they don't know where to put it and they would have destroyed it, if I had not offered to give it houseroom.) So, under the roof we have already arranged the donkey, ox, Mary and Joseph, and all around an assortment of the most varied characters, some more appropriate than others: the usual shepherd, and then a carpenter, butcher, fisherman… And Giovanni picks them up and moves them about here and there, up and down, insisting on adding his horses and other animals to the ox and ass…. In other words, the crib is his "dolls' house". We have also put up a very small tree - it is standing on the chest [*madia*, traditional item of furniture in peasant houses in which bread was kept], instead of the bowl of fruit – but it is decorated with hundreds of tiny lights that look very pretty. Giovanni, however, is more interested in the crib than the tree.

We shall be spending the whole of the Christmas period at home, receiving relatives and friends. For many years we have had a meal with friends on Christmas Eve, the 24th – but a simple meal with nothing fancy and with the usual rule that everyone who comes brings a contribution for the meal. The next day, Christmas, is dedicated to the family, while on the day of Santo Stefano [St Stephen's Day, 26th December], we have a tradition, established many years ago, of the "leftovers" dinner, also known as the *condominio* dinner. It is a custom that goes back to the time when we lived in a condominium where we had many good friends: together we rented a large house in the country on Sundays and we would meet up there at Santo Stefano as well, bringing with us the leftovers from Christmas Day. The house in the country no longer exists, but we

60.

22.12.03

Cara Caroline,

Sono arrivate, già da tre o quattro giorni, le cinture fermabagagli con il nostro cognome. Grazie! Regalo indovinatissimo e utilissimo, apprezzato in primis dai figli viaggiatori che le utilizzeranno al più presto.Anche i numerosi amici che capitano in casa nostra e a cui esibisco queste cinture, rimangono meravigliati perché sono una novità assoluta. Sembra strano che, in un mondo "globalizzato" come il nostro, questa idea non sia uscita dal territorio britannico! Sarà la preoccupazione di mantenere riservata la propria identità quando si è in viaggio?!

Mentre scrivo, Giovanni, che è tornato da poco dall'asilo e non fa quasi più il suo sonnellino pomeridiano, sta "giocando" con la Capannuccia.(Noi toscani chiamiamo capannuccia il presepe, perché si usa mettere in una capanna la sacra famiglia). Quest'anno noi abbiamo usato, per la nostra capannuccia, un plastico di cartone e Das (l'argilla che si secca all'aria) fatto alcuni anni fa dagli alunni della nostra scuola, che riproduce una casa contadina di Sesto, recentemente ristrutturata e destinata, fra le altre cose, ad accogliere il museo della civiltà contadina. (Come mai ce l'ho io? Non è appropriazione indebita! Il fatto è che a scuola non sanno dove metterla e l'avrebbero distrutta, se non l'avessi "ospitata" io.) Dunque, sotto la tettoia abbiamo già disposto asino, bue, Maria e Giuseppe, e tutto intorno ci sono i personaggi più vari, più o meno appropriati: il solito pastore, il taglialegna, il macellaio, il pescatore.... E Giovanni li prende e li sposta qua e là, su e giù, aggiungendo di prepotenza accanto al bue e all'asinello i suoi cavalli e altri animali...Insomma la capannuccia è la sua "casa di bambole". Abbiamo fatto anche l'albero, piccolissimo, - sta sulla madia, al posto del vassoio della frutta - ma con cento miniluci che fanno un bell'effetto. Però Giovanni è attratto meno dall'albero che dal presepio.

Noi passeremo tutto il periodo natalizio in casa, ospitando parenti e amici. Da anni abbiamo la consuetudine di cenare la sera della vigilia, il 24 - in semplicità, però, senza nessuna ricercatezza e con il solito criterio che chi viene porta qualcosa da mettere in tavola - con alcuni amici. Il giorno dopo, Natale, è dedicato alla famiglia, mentre il giorno di Santo Stefano, si ripete, anche questa da anni, la tradizione del pranzo "degli avanzi" detto anche pranzo del "condominio" È una abitudine che risale al periodo in cui, appunto, noi abitavamo in un condominio dove avevamo tanti amici: avevamo preso in affitto tutti insieme una grande casa in campagna per la domenica e qui ci si ritrovava anche il giorno di Santo Stefano portando gli "avanzi" del giorno di Natale. La casa in campagna non c'è più, ma siamo rimasti amici e, almeno una volta l'anno ci ritroviamo, a casa mia che è la casa più grande, per continuare la tradizione.

have remained friends and, at least once a year we meet up in my house, which is the biggest, to carry on the tradition.

Two days ago I phoned Stuart and Paola [friends of ours from Edinburgh who went to live in Florence where Paola was born] to say hello and invite them to one of these meals (Stuart came to see us one Saturday when Paola was in Scotland and I was hoping to see them both again) but found them in a situation half funny half tragic: Paola with flu, a broken gas pipe, no heating, no hot water, but, with typical English sang froid, Stuart was using an emergency stove and stirring a pot of – of all things – *Cacciucco*! [a dish made of a mixture of different varieties of fish popular on the Tuscan coast]. We exchanged greetings and promised to meet up after they get back from Rome. We have no special plans for New Year: I find it a great effort to stay up to midnight (I don't go to midnight mass at Christmas time either, I go the next day) so I hope we will limit ourselves to a small meal, with something a bit special, and a toast at midnight. I remember that you told me that in Scotland it is traditionally an important festival. Will you be there?

Oh no! Giovanni has got bored of the crib and is wanting me!!!! S.O.S.!!!!! OVER AND OUT!

MARIA

Due giorni fa ho chiamato Stuart e Paola per salutarli e invitarli in una di queste occasioni (Stuart è tornato un sabato da noi, quando Paola era in Scozia e mi faceva piacere vederli di nuovo insieme) ma li ho trovati in una situazione fra il tragico e il comico: influenza di Paola, tubo del gas rotto, niente riscaldamento, niente acqua calda, ma, con la tradizionale imperturbabilità inglese, Stuart stava rigirando, su un fornellino d'emergenza, il Cacciucco! Ci siamo salutati e abbiamo rimandato il nostro incontro al loro ritorno da Roma. Per la fine dell'anno non abbiamo programmi particolari: a me pare un gran sacrificio aspettare la mezzanotte (anche per la messa di Natale non vado di notte, ma il giorno dopo) e spero perciò che ci limiteremo a una cenetta magari con qualcosa di sfizioso, e a un brindisi a mezzanotte. Mi ricordo che mi hai raccontato che a a Edimburgo avete una bella tradizione. Ci sarai?

Ahimè,Giovanni ha lasciato la Capannuccia ed è qui vicino a me !!!! S O S!!!!! PASSO E CHIUDO! MARIA

61.

09.02.04

Dear Caroline,

As I write the house is, strangely, deserted or almost so: the only person in the house is Anna, who this morning has stayed at home with a bad stomach ache and is lying silently in bed. It must be more than a month since your letter, but the unwritten rules of our correspondence allow for this kind of elasticity, don't they? I'll tell you about how things are going.

Once the Christmas period, with the endless succession of meals and visits that you can imagine, was over, we were busy with the technical and psychological "assistance" needed by Teresa who has embarked on the preparations for her wedding. Inevitably, comparisons with her sister's wedding come to mind. That was almost improvised and, having chosen a Monday for the ceremony and our house for the small reception, she did not encounter any difficulties. For Teresa things are rather more complicated. Amongst other things, we have discovered that every engaged couple in the entire province of Firenze has decided to get married on 4th September, having chosen this date in good time meaning that, when we got round to asking, all the villas and other suitable venues for a reception were already booked. Finally, luckily, just a week ago we found a lovely agriturismo to the south of Florence and the main impediment seems to have been overcome. One thing is for sure – all these preparations are causing us all a certain amount of stress.... and the silly thing is that all the greatest difficulties arise from Teresa's very laudable desire to have a nice party with the maximum simplicity! We have realised that this is as difficult as trying to square the circle... (do you have the same expression in English?) because of the need to satisfy the demands of too many different people. But Teresa is not a difficult person and knows how to find reasonable compromises. I'll keep you informed as things progress with this "Eurasian" wedding. In the meantime, I will remind you that you are both invited to stay with us for a few days after the wedding (so that we can go off and do something together). When you book your flights, keep this in mind and choose suitable flights, also so that you can get lower-priced ones. As for accommodation, I don't think you will need to call on Paola to put you up. If the worst comes to the worst (if Anna, husband and child are once again "homeless" [Maria uses the English word] they [Paola and Stuart] could perhaps have you for one night. But don't ask them yet. (By the way, we had seen them a couple of times, but we have not yet managed to arranged the longed-for trip to Monte Morello). That's enough about Teresa (and she would be the first to disapprove of us talking only about her). Here is some brief news about the other members of the family.

Lorenzo is about to leave for Greece. He has never been very good at organising things for himself, and so he is surprising me with his independence in getting ready: he has

61.

9.02.04

Cara Caroline,

ti scrivo mentre la casa è, stranamente, deserta o quasi: l'unica presenza in casa è quella di Anna, che stamani è rimasta a casa per un forte mal di pancia e se ne sta zitta zitta nel suo letto. E' passato – mi pare – più di un mese dalla tua lettera, ma gli accordi non scritti della nostra corrispondenza, permettono questa elasticità nei tempi, vero? Ti racconto come stanno andando le cose.

Finito il periodo natalizio, con tutto il susseguirsi di pranzi e visite che ti puoi immaginare, siamo stati impegnati nell' "assistenza" tecnica e psicologica a Teresa, che ha avviato i preparativi del suo matrimonio. E' inevitabile fare il confronto con il matrimonio della sorella, che l'ha quasi improvvisato e, avendo scelto un lunedì per la cerimonia e la nostra casa per il piccolo rinfresco, non ha incontrato nessuna difficoltà. Per Teresa le cose sono invece un po' più complesse. Fra l'altro abbiamo scoperto che tutti i fidanzati della provincia di Firenze hanno deciso di sposarsi il 4 di settembre, e lo hanno deciso da tempo, tant'è che tutte le ville o altri luoghi adatti per il ricevimento, quando ci presentavamo noi risultavano già impegnati. Poi, per fortuna, proprio una settimana fa, abbiamo trovato un bell'agriturismo a sud di Firenze, e lo scoglio principale sembra superato. Certo che questi preparativi fanno venire un po' d'agitazione a tutti... e il colmo è che le maggiori difficoltà vengono da una esigenza di per sé nobilissima della Teresa: fare una bella festa nella massima semplicità! Ci siamo resi conto che è come volere la quadratura del cerchio...(dite così anche voi?) perché ci sono da conciliare le esigenze di troppe persone. Comunque la Teresa ha un buon carattere e sa trovare dei ragionevoli compromessi. Ti terrò informata via via di come va questo matrimonio "eurasiatico". Intanto ti ricordo che siete invitati a rimanere da noi per un po' di giorni dopo il matrimonio (per andare a spasso da qualche parte). Quando farete il biglietto aereo, ricordatevelo bene e regolatevi di conseguenza, anche per avere le tariffe con minor prezzo. Quanto alla sistemazione, penso che non dovreste aver bisogno di ricorrere all'ospitalità di Paola. Nella peggiore delle ipotesi (che Anna con marito e figlio siano ancora "homeless") vi potrebbero accogliere per una notte. Ma aspetta a parlargliene. (A proposito, ci siamo visti un paio di volte, ma ancora non abbiamo potuto organizzare la tanto sospirata gita a Monte Morello) Ora basta con la Teresa (lei stessa non approverebbe che si parli solo di lei). Ecco delle brevi sugli altri membri della famiglia.

Lorenzo è prossimo alla partenza per la Grecia. Non è mai stato abile nell'organizzazione delle sue cose, perciò mi sta cogliendo di sorpresa la sua autonomia nei preparativi: ha telefonato più volte in Grecia, sta prenotando, sempre per telefono, presso un privato una camera, sta valutando se fare il percorso in aereo o in treno... Mi rendo conto che fa uno sforzo notevole, ma ognuna di queste decisioni gli dà poi una grande soddisfazione.

phoned Greece several times and is arranging, by phone, to rent a room from a private landlord, and working out whether it would be better to travel by air or train.... I realise that he does not find this easy, but each one of these decisions has the effect of giving him a great feeling of satisfaction. In the last few weeks he passed two rather difficult exams with ease.

A few weeks ago, Sara took possession of a three-room flat that formerly belonged to her paternal grandparents. She will move in as soon as various improvements are finished. These ought to be simple, but perfectionist that she is, they become elaborate and complicated.... Her work is still taking her all over Europe: next week she will be in Portugal. This type of work seems to suit her particularly well, because it allows her to escape from the daily routine and then come home with greater pleasure. I have a left a lot of things out of this letter: news about Piero, Anna, Simone and Giovannino [little Giovanni] otherwise known as *tevaivia* ["go away you!"]..... I'll leave them until the next time... I'll stop now or this letter won't be sent today. And I want to go into the garden to see if there are any more flowers on the apricot tree: yesterday I saw two, just beginning to peep out.

Affectionate regards to all your family (I like it when you tell me about them) and un saluto affettuoso to John.

Ti abbraccio,

Maria

Ha superato con facilità, in queste settimane, due esami piuttosto difficili.

La Sara ha avuto da un paio di settimane, a suo nome, un appartamento di tre stanze che apparteneva ai nonni paterni. Vi si trasferirà appena saranno finiti dei lavori di ristrutturazione che sarebbero semplici, ma che lei, con il suo perfezionismo, rende elaborati e lambiccati.... Il suo lavoro la porta ancora a giro per l'Europa: la prossima settimana sarà in Portogallo. Questo tipo di lavoro mi sembra particolarmente adatto per lei, perché la fa sfuggire alla routine e poi la fa tornare a casa più contenta Mancano a questa lettera tante cose: notizie di Piero, Anna, Simone, Giovannino soprannominato "tevaivia"... Sarà per la prossima occasione... Ora chiudo, altrimenti questa lettera non parte neanche oggi. E poi voglio scendere in giardino e controllare se ci sono altri fiori sull'albicocco: ieri ne ho visti un paio, timidi timidi.

Un caro pensiero a tutti i tuoi (mi fa piacere quando me ne parli) e un saluto affettuoso a John

Ti abbraccio

Maria

62.

13.04.04

Dear Caroline,

I have a free hour to myself and have decided to use it to have a chat with an old friend. I thought of you and John often during our short trip to Thessalonica. We left on 25th March and we were already back home on 29th, but we packed a lot into the time. I thought of you particularly when our touristical explorations led us to discover beautiful Byzantine churches half-suffocated by horrible 1960s buildings, or Turkish baths converted into amusement arcades. We needed John's expertise and particularly the company of friends with whom to share impressions and thoughts, as we did when we were in Scotland or here in Italy. But Lorenzo was there and he was keen to come with us and seemed happy to guide us and interpret for us. Just as well, since our ignorance of the English language causes us much misery and also difficulties: at Athens airport, where we were abandoned to fend for ourselves, we very nearly missed our connection for Thessalonica!

Back in Florence, we immediately became involved in the Easter atmosphere with the observation of those customs to which, the older I get, the more attached I become. Here, the ceremony of blessing the houses is still practised. At one time, the housewives would clean the whole house from top to bottom for the occasion and wait anxiously for the priest's visit (when he would expect to visit every room) as if they were being inspected!... Today, by contrast, this "Easter cleaning" [cf. English "spring cleaning"] is done when it suits us, and the priest's visit, here in Sesto at least, is greeted by almost every family with great pleasure and is regarded as an opportunity to get to know one another. Then, on Easter Saturday, there is the blessing of the eggs. These are hard boiled eggs that will be chopped small and eaten in a clear soup on Easter Sunday: for those who are used to eating pasta with sauce this tradition is something of a hardship.... So for all of Saturday afternoon, every hour from three o'clock, our parish church is filled with people of all ages, including those who only come to church for this ceremony, with baskets or plates wrapped in white napkins with hens' eggs. The children have chocolate eggs with a surprise inside. They are opened the next day after the evening meal. Giovanni had his chocolate egg too (in fact, more than one) and it was difficult to persuade him to wait until Easter Day to open it and find his surprise....

Of all the rituals of Holy Week, the one I try never to miss is the Thursday service with the ceremony of the washing of feet. From the Thursday evening to the afternoon of the next day the Holy Sacrament is exhibited in the churches on an altar covered with flowers. At one time the churches used to compete with one another to see which made the most beautiful *sepolcro* [Holy Sepulchre] and the congregations would go round each of the "seven churches", not so much to pray as to compare one with the other. The most

62.

13.04.04

Cara Caroline

Ho una mezz'oretta tutta per me e ho deciso di utilizzarla per fare quattro chiacchiere con una vecchia amica. Ho pensato spesso a te e a John durante il nostro breve viaggio a Tessalonica. Siamo partiti il 25 di marzo e il 29 eravamo di nuovo a casa, ma sono stati giorni "ricchi". Ho pensato appunto a voi quando nella nostra esplorazione turistica ci trovavamo a scoprire bellissime chiese bizantine semisoffocate da orribili costruziono anni'60, o bagni turchi trasformati in sala giochi. Ci è mancata la competenza di John e soprattutto il piacere di condividere un'emozione o comunicare una riflessione a degli amici, così come abbiamo fatto nel viaggio in Scozia o qua in Italia. C'era comunque Lorenzo che ci ha accompagnato con entusiasmo e sembrava contento di guidarci e di farci da interprete. Già, perché la nostra ignoranza della lingua inglese ci ha fatto soffrire e anche rischiare: all'aeroporto di Atene, dove eravamo abbandonati a noi stessi, per poco non abbiamo perso la coincidenza per Tessalonica!

Una volta tornati a Firenze, siamo entrati subito nell'atmosfera pasquale con il ripetersi di quei riti a cui, più invecchio, più mi sento legata. Da noi usa ancora la benedizione delle case. Un tempo per questa occasione le massaie pulivano da capo a fondo tutta la casa e si aspettava la visita del prete (che si faceva passare in tutte le stanze) come quella di un ispettore...Ora invece le "pulizie di 'Pasqua" si fanno quando ci comoda, mentre la visita del sacerdote, almeno a Sesto, viene accolta dalla quasi totalità delle famiglie con molta simpatia e sentita come un'occasione di conoscenza reciproca. Poi c'è la benedizione delle uova il sabato di Pasqua. Sono le uova sode che il giorno di Pasqua verranno mangiate a pezzetti nella minestra in brodo: per chi è abituato a mangiare la pasta a sugo questa tradizione è una vera penitenza....Dunque il sabato per tutto il pomeriggio, ogni ora, a partire dalle tre, la nostra pieve si riempie di gente di tutte le età, anche persone che vengono in chiesa solo per questa occasione, con i panierini o i piatti rinvoltati in un tovagliolo bianco con le uova di gallina. I bambini hanno le uova di cioccolata, con la sorpresa dentro. Saranno aperte il giorno dopo alla fine del desinare. Anche Giovanni aveva il suo bravo uovo di cioccolata (anzi, più di uno) ed è stato difficile convincerlo ad aspettare il giorno di Pasqua per aprirlo e trovare la sorpresa....

Fra i riti della settimana santa, quello a cui cerco di non mancare mai è la liturgia del giovedì, con la lavanda dei piedi. Dalla sera del giovedì al pomeriggio del giorno dopo nelle chiese si espone il SS.mo su un altare ricchissimo di fiori. Un tempo le chiese facevano a gara a chi faceva il "sepolcro" (si chiamava così) più bello e i fedeli facevano il giro "delle sette chiese", più che per pregare, per fare i confronti. I riti più belli e significativi della Pasqua sono quelli della notte tra sabato e domenica, ma sono diversi anni che non vi partecipo, cioè da quando ho cominciato a svegliarmi alle sei o alle

beautiful and important Easter rituals are those that take place at night between Easter Saturday and Sunday, but it is several years now since I attended these, not since I began to wake up at six or five in the morning and go to bed with the hens [the opposite of the English "to be up with the lark"]! To make up for this, when I went down to the kitchen on Easter Day at my usual hour, I felt like Mary Magdalene who was the first of all to go to the Tomb "while it was still dark"!

I'll stop now, because I have various things to do. I know that you are very busy with work and family, so as I think I have said before don't feel you must reply instantly. I know that you are there and that you haven't forgotten us (it was lovely to get your letter after Lorenzo's email!) and this is more than enough. A suggestion: in Florence there is a good exhibition on Botticelli and Filippino Lippi that is only on until 11th July (www.palazzostrozzi.it). Why don't you try and get two cheap tickets and pay us a quick visit? Think about it.

Un abbraccio affettuoso,

Maria.

cinque e ad andare a letto con le galline! In compenso quando la mattina di Pasqua sono scesa giù in cucina alla mia solita ora, mi sono sentita come la Maddalena che, appunto, prima fra tutti, era andata al sepolcro "mentre era ancora buio"!

Mi fermo qui, anche perché altri impegni incombono. So che sei molto occupata con il lavoro e con la famiglia, perciò, come mi sembra di aver già detto altre volte, non sentirti obbligata a rispondere "a bomba", come si suol dire. So che ci sei e che non ti dimentichi di noi (che piacere quella tua lettera dopo l'e-mail di Lorenzo!) e questo è più che sufficiente. Butto là una proposta: a Firenze c'è una bella mostra su Botticelli e Filippino Lippi che dura solo fino all'11 luglio (www.botticellipalazzostrozzi.it). Perché non provate a cercare un biglietto a basso costo e fate un salto da noi? Pensateci

Un abbraccio affettuoso

Maria

63.

30.04.04

Dear Caroline,

This time I want to begin my letter wearing my......teacher's hat and apply the tools of my trade to your last email. I gather from you many question marks that – if I resolve your queries – you will be pleased. So here I am with my "red and blue pencil", as used by the teachers when I was young. I don't know if they used such things in your school but for us, up to senior school, we were terrified of the two-ended pencil (red at one end, blue at the other) that our teachers used to make corrections. A mistake underlined in blue was the most to be feared because considered the most serious; the red was reserved for less serious mistakes. So, for your letter I would have used only the red pencil, the one for "venal sins".... (and which are anyway easily understandable given the time of night when you wrote) and the final mark would have been a good one.

I'll begin with some confirmations: yes, you can used the word *trasfusione* [transfusion] for a person who is *anemica* [anaemic – with reference to my father]. And the word you use about your mother, the adjective *sospettoso* [suspicious] is right too. (But how are things now? And, does this anaemia have a cause or is it just a normal part of getting old? And is your mother's illness really the terrible one you mentioned?).

Catherine gave a paper at a *colloquio*, translation of the English "conference", and, if I have understood correctly, has been offered a job in America? What did she decide in the end? Am I right in thinking that if she stays in England you too would be happier?

We call a computer problem caused by *hackers* (we use this word in Italian now) a *virus*, exactly as if it were an illness, and a particularly programme we install to protect our computer against such problems is called *antivirus*.

[.....]

Finally, I will remind you that it is better to use the subjunctive (even if there is a tendency influenced by television not to) after verbs like *penso, mi sembra, credo*. That's it.

As for your idea for an educational book (for the teaching of Italian, if I have understood correctly), we would be honoured if you wanted to use the material you have collected when staying with us. The good thing would be that further visits would be necessary, in addition to those already planned, to complete the book!

Digital photos: yes, we can receive these. We would love to see them! I only have a couple of not very good photos from October.

By the way, I returned to Siena with Carolyn's pupils but the marble floors in the cathedral were almost all covered: we were lucky when we went on the British Institute trip!

63.

30.04.04

Cara Caroline,

questa volta voglio cominciare la lettera in veste di.... prof. e applicare gli strumenti del mestiere alla tua ultima e-mail. Mi pare di aver capito, dai tuoi numerosi punti interrogativi, che se ti sciolgo dei dubbi ti faccio piacere. Eccomi dunque a usare la "matita rossa e blu", così come facevano i professori dei miei tempi. Non so se usava anche nella tua scuola, ma noi, fino alle scuole superiori, avevamo un sacro terrore della matita doppia (da una parte rossa, dall'altra blu), che i nostri insegnanti usavano per le correzioni. L'errore sottolineato con il blu era quello più temuto, perché considerato grave; il colore rosso era invece riservato agli errori più leggeri. Ecco, per la tua lettera avrei usato solo la matita rossa, quella cioè dei "peccati veniali" (comprensibilissimi fra l'altro, visto l'ora tarda in cui l'hai scritta) e il voto finale sarebbe stato lusinghiero.

Comincio con il darti alcune conferme: si dice giustamente "trasfusione" per una persona "anemica":E ancora, va bene per quello che mi racconti di tua madre, l'aggettivo "sospettoso". (Ma ora come stanno andando le cose? E questa anemia, avrà una causa o è un normale fatto di invecchiamento? E veramente la malattia di tua madre è quella terribile di cui mi hai parlato?)

Catherine ha affrontato un "colloquio", traduzione del vostro "conference", cioè, se ho ben capito, ha avuto un'offerta di lavoro in America? (Che cosa ha deciso alla fine? Mi pare di aver capito che se resta in Inghilterra anche tu sei più contenta, vero?)

Ai problemi del computer procurati dagli hackers (ormai anche noi italiani diciamo così) si dà il nome di virus, proprio come se fosse una malattia, e antivirus si chiama un particolare programma che installiamo per proteggere il nostro computer da questi problemi

Altre osservazioni:meglio dire "il computer si è voluto chiudere" e "ragion (senza la e finale) d'essere"; si dice poi "in pieno possesso" (non possessione) delle facoltà mentali. Infine ti ricordo che è meglio usare il congiuntivo (anche se la tendenza diffusa dalla televisione è di non farlo) dopo verbi come "penso, mi sembra, credo".Tutto qui.

Quanto alla tua idea del libro pedagogico, (se ho ben capito, per la didattica dell'italiano), saremmo "onorati" se tu volessi utilizzare il materiale che hai raccolto con noi. Anzi, a questo punto, sarebbero necessarie altre visite, oltre quelle in programma, per perfezionare l'opera!

Foto digitali: abbiamo la possibilità di riceverle. Ci farebbe piacere vederle! Io ho, del mese di ottobre, solo un paio di foto bruttine.

Teresa's wedding: thank you for offering Scotland as an antidote to the anxiety of the preparations. But we certainly will not be able to take advantage of your offer. We will have to make do with camomile tea. As for a present, there's plenty of time. We'll talk about it later.

Ti abbraccio. Although I am far away, I am thinking of you and your family problems.

Maria.

A proposito, sono tornata a Siena con gli alunni di Carolyn ma gli impiantiti del Duomo erano quasi tutti coperti: effettivamente è stata un' occasione fortunata la gita con il gruppo del British. Nozze Teresa: ti ringrazio di averci offerto la Scozia come antidoto contro l'ansia da preparativi. Ma sicuramente non potremo approfittarne. Ricorreremo alla camomilla. Quanto al regalo, c'è tempo. Ne riparleremo.

Ti abbraccio. Seguo con affetto, anche da lontano, le tue preoccupazioni.

Maria

64.

13.06.04

Subject: De familia Bosi

Dear Caroline,

Here I am again after a long time, fully occupied as I was........ being retired. The fact is that without the structure of the school year the passing days all seem rather similar and it is difficult to realise that weeks and even months are going by. Not that my life is boring: luckily there are always children and friends coming and going. Anna and Simone moved into their new house a few weeks ago, partly because of the heat and the mosquitoes [here].: Simone made up his mind to take this major step with the first hint of summer, because when it gets to about thirty degrees he becomes insufferable. As for mosquitoes, the poor thing attracts them like a magnet and is covered with bites. Giovanni is spending two days a week with us; he is delighted to see us when he arrives and plays happily with his toys that seem like new ones to him.

Sara on the other hand is back here living with us again. I think she will stay until September-October when the alterations to her flat will finally be finished. The first day of her return to the nest [literally, fold], she was traumatised (her words) by the noise and confusion: in fact, that evening An's parents were there for a meal and one of my cousins, plus Anna with Simone and Giovanni. Perhaps there was a touch of jealously there.... However, now, after a week or a bit more, she is beginning to acknowledge that there are considerable advantages in living at home, such as the pleasure of eating in the garden or of sitting round the table talking.

Teresa has begun to get her flat ready: she needs to paint the walls and revarnish the window frames... however,, she too has let us know that she will be spending a lot of time here, especially at meal times. I think she is attracted not so much by the thought of finding something ready (in fact, even now, she often prepares something for herself) as the idea of not returning to an empty house.

Lorenzo will be back in Italy at the end of June. He recently decided to go off to Istanbul by himself, since none of his friends (and he has made several in Thessalonica) could make up their minds when to go. All in all, it has been a good period, thanks above all to the wonderful letters he sent us; one thing is sure, communication between us will be less copious when he gets home!

I must hurry to finish this letter because this evening Piero and I have to go to the electoral count. We are both *rappresentanti di lista*, meaning that we can observe the counting of the voting slips as Margherita delegates (our party). We are also having regional and local elections here in Italy. Piero is a candidate (and it is important to

64.

13.06.04

Subject: De familia Bosi

Cara Caroline,

mi rifaccio viva dopo lungo tempo, occupata come ero a...fare la pensionata. Il fatto è che senza le scadenze del lavoro scolastico i giorni scorrono sempre un po' anonimi e è difficile rendersi conto che passano le settimane e anche i mesi. Non che la mia vita sia monotona: c'è sempre un gran viavai di figli e amici, per fortuna. Da un paio di settimane Anna e Simone hanno traslocato nella nuova casa, complici il caldo e le zanzare: Simone si è deciso al grande passo ai primi sentori dell'estate, perché quando siamo intorno ai trenta gradi lui diventa insofferente. Quanto alle zanzare, poverino, le attira come una calamita e si riempie di "cocciòle". Giovanni passa da noi due giorni alla settimana; ci fa una gran festa, quando arriva, e gioca più tranquillo con i suoi balocchi che gli sembrano nuovi.

Sara invece abita di nuovo con noi. Penso che rimarrà fino a settembre-ottobre, quando saranno finalmente completate le modifiche al suo appartamento. Il primo giorno del suo ritorno "all'ovile", è rimasta traumatizzata (cosi ha detto) dalla confusione: c'erano infatti a cena i genitori di An e una mia cugina, più Anna con Simone e Giovanni. Io penso che sia entrata in gioco anche un po' di gelosia....Però ora, a distanza di una settimana o poco più, comincia a riconoscere che ci sono dei vantaggi non indifferenti a stare in famiglia, come il piacere di mangiare in giardino o di stare a tavola in conversazione.

Teresa ha cominciato a preparare il suo appartamentino: deve rimbiancare le pareti e riverniciare le finestre. Però anche lei ha già avvertito che continuerà a frequentare assiduamente la nostra casa, soprattutto all'ora di pranzo. Credo che sia attirata non tanto dal fatto di trovare qualcosa di pronto (anzi, spesso anche ora si prepara il pranzo da sé), quanto dall'idea di non entrare in una casa vuota.

Lorenzo entro la fine di giugno sarà in Italia. In questi giorni ha preso l'iniziativa di andare a Istanbul da solo, visto che nessuno dei suoi amici(e ne ha diversi a Tessalonica) si decideva a fissare la partenza. È stato un bel periodo nel complesso, grazie soprattutto alle belle lettere che ci ha spedito; sicuramente, quando sarà a casa, la comunicazione tra noi sarà più scarna!

Devo affrettarmi a chiudere la lettera perché stasera io e Piero dobbiamo andare al seggio elettorale. Siamo tutti e due rappresentanti di lista, cioè partecipiamo allo spoglio delle schede come delegati della Margherita (il nostro partito). Noi italiani votiamo anche per le amministrative (provincia e comune). Piero è candidato (ci tiene parecchio ad avere

him that he gets a good vote) and it was quite amusing to see him conducting his little campaign with friends and acquaintances.... he managed to tone down his sarcastic jokes, while still remaining true to his character... Tomorrow we will know how many votes he got and then, in the following days, it will be decided what role he might have on the council. We'll let you know. As for the European elections, we hope that Berlusconi is taught a good lesson........ he is dangerous and intolerable!

Un abbraccio affettuoso to you and to John (the email "subject" in Latin is for him).

Maria.

P.S. Remember, when you book your tickets for September that you are to stay with us for as long as possible.

un buon successo) e è stato divertente vederlo fare la sua piccola campagna elettorale fra amici e conoscenti...: ha dosato con abilità le sue "cattiverie" rimanendo però sempre fedele a se stesso...Domani sera sapremo quanti voti ha avuto e poi, nei giorni successivi, verrà chiarito che ruolo potrà avere nel Comune.Ti faremo sapere. Quanto alle europee, noi speriamo che Berlusconi abbia una bella lezione...: è pericoloso e insopportabile!

Un abbraccio affettuoso a te e a John (l'oggetto dell'e-mail in latino è per lui)

Maria

P.S.Ricordati, quando fai i biglietti per settembre, che dovete trattenervi da noi il più possibile.

Teresa

65.

24.06.04

Dear Caroline,

So you are going to spend hardly any time with us! You will have scarcely enough time to recover from your journey! It was very good of you to arrange to hire a car but I assure you it would not have been a problem for us to come to the airport.

However, from one point of view it will be an advantage because you will have more freedom of movement, especially the day after the wedding. In fact on Sunday 5th September in the late afternoon (from 6 onwards) the second part of the party will be taking place, for the more distant relatives. The food is being looked after by one of our cousins who has experience in catering, but we will have to get the house ready. So you and John can go off and see something on your own and come and join us when you get back. Anyway, we can sort these details out together, and together we will decide how to spend the two days after that.

The elections at Sesto are now over and, after a few days of feverish meetings, the posts of the people elected was also decided on. Piero will be the *assessore ai lavori pubblici* (his responsibilities will range from piazzas to holes in the road, from schools to cemeteries). It is not a job that fills him with great enthusiasm but it appears that he could not have any other one, neither could he refuse: the mysteries of political alchemy even in a small town like Sesto!

Lorenzo comes back on Monday. We are going to meet him in Rome. I will miss his letters in which he is able to express all the wonderful creativity of his character.

Where are you going in the summer? I too am planning a journey (without Piero because we do not think it would be wise to leave la nonna alone for too long). From the 24th October to 2nd November I shall be in the Holy Land with a group of good friends. We'll talk about it when we meet.

IN BRIEF

- Your nice reply to Teresa's invitation arrived.

- Remember that the invitation to your daughters to stay with us still stands and, *in primis*, to Catherine who has never been here.

- I forgot to explain the meaning of *rappresentante di lista*: it is someone who, during the count, oversees for the parties on the list that the allocation of votes are in order. In cases of doubt, he or she can challenge a voting slip and this will subsequently be re-examined by a commission (have you read in the press about Berlusconi's accusations of electoral fraud?).

Un abbraccio affetuoso as always,

Maria.

65.

24.06.04

Cara Caroline

allora vi fermate da noi proprio poco! Avrete appena il tempo di smaltire il disagio del viaggio! Siete stati molto premurosi a prevedere anche il noleggio della macchina ma ti assicuro che non sarebbe stato un problema per noi venire all'aeroporto.

Però da una parte sarà un vantaggio perché avrete più autonomia di movimento, soprattutto il giorno dopo il matrimonio. La domenica 5 settembre difatti, nel tardo pomeriggio(dalle 6 in poi), a casa nostra ci sarà la "seconda puntata" della festa con i parenti meno stretti. Pensa a preparare i cibi un nostro cugino che ha esperienza di catering, ma noi dovremo preparare la casa. Quindi tu e John potrete fare i turisti per conto vostro e unirvi a noi al ritorno. Comunque questi dettagli si definiranno insieme, e insieme decideremo come passare i due giorni successivi

Le elezioni a Sesto si sono concluse e, dopo qualche giorno di contatti convulsi, è stato deciso anche il ruolo degli eletti. Piero farà l'assessore ai lavori pubblici (dalle piazze alle buche, dalle scuole ai cimiteri, queste le sue competenze..) Non è un incarico che lo entusiasma, ma a quanto pare, non poteva né averne un altro né rifiutare: misteri delle alchimie politiche anche in un piccolo centro come Sesto!

Lunedì torna Lorenzo. Noi gli andiamo incontro a Roma. Mi mancheranno le sue lettere dove offre il lato più luminoso del suo carattere.

Quali sono le mete dei vostri viaggi estivi? Anch'io sto progettando un viaggio (senza Piero perché pensiamo che non sia opportuno lasciare la nonna da sola per troppo tempo). Dal 24 ottobre al 2 novembre sarò in Terrasanta con un gruppo di persone amiche. Ne parliamo a voce.

BREVI

- E' arrivato il simpatico biglietto di risposta a Teresa

- Ricorda che è sempre valido l'invito a casa nostra per le tue figlie e, in primis, per Catherine che non c'è mai stata

- Dimenticavo la spiegazione della parola "rappresentante di lista": è chi, durante lo spoglio delle schede, controlla per conto dei partiti in lista che l'attribuzione dei voti e delle preferenze avvenga regolarmente. In casi dubbi può "contestare" una scheda e questa sarà successivamente ripresa in esame da una commissione (Hai seguito sulla stampa le polemiche di Berlusconi sui brogli elettorali?)

II solito abbraccio affettuoso

Maria

66.

14.07.04

Dear Caroline,

First of all, the question of Teresa's present. Since she and An are going to live in a house that is already furnished (it is the flat where Sara was living), they don't want anything for the house, but are suggesting to friends and relatives that they contribute to a collection for two missions, one in Cameroon and the other in Thailand, on the borders with Burma. I have to confess that the reaction to this idea has been mixed: some people were touched while others were disappointed because they would have liked to give them something that would "last". In the case of you and John, I did not tell you of their plan immediately because the distance makes things more complicated. You can decide what you want to do. One suggestion, in confidence: to have the best of both worlds [literally, "to save the goat and the cabbages"] as they say, you could choose something very simple and typical of Scotland (a tea towel or a metal jug?) and then, when you are here, do that they want! What do you think? I'm sorry, but you know how young people are, whether for good or ill they turn all our habits upside down.

I have seen that there are versions of the film you asked me for in both DVD and VHS. The DVD costs twice as much (I don't remember the price because I still think in lire and I don't know if the numbers I remember are lire or euros). I think the DVD costs about 19 euros.

What would you like me to get? I have already got the book which is waiting for you here. (Would you like me to send it so that you can get ahead with reading it? [I planned to use the book and film of *Non ho paura* for teaching with my Higher Italian class])

Summer in Italy: just a few extremely hot days and for the rest a kind of earthly paradise with sun and a cooling breeze. I often look at the temperature in Edinburgh in the paper and – I shiver.

I'll have to cut short this letter because I have been interrupted by very welcome but long visits from some good friends and in an hour I must catch the train to go and do my grandmotherly duty at the seaside until Friday.

I'll write again.

Un abbraccio affettuoso and have a good holiday. Greetings to John's parents who, if I remember rightly, will be staying with you at the moment.

Maria

66.

14.07.04

Cara Caroline,

prima di tutto affrontiamo l'argomento regalo Teresa. Lei e An, visto anche che vanno ad abitare in una casa già arredata (è l'appartamento dove ha vissuto Sara) non chiedono regali per la loro casa, ma propongono agli amici a ai parenti la partecipazione a una raccolta di denaro da destinare a due missioni, una in Camerun e l'altra in Thailandia, ai confini con la Birmania. Ti confesso che la reazione a questa idea è stata varia: c'è chi si è commosso e chi invece è rimasto deluso perché avrebbbe avuto piacere di regalare qualcosa che "rimane". Nel vostro caso, non vi ho segnalato subito questo loro progetto, perché la lontananza complica le cose. Decidete voi in tutta tranquillità se e come fare. Un suggerimento in confidenza: per salvare capra e cavoli, come si dice, potreste pensare a qualcosa di molto semplice e simbolico dalla Scozia (un canovaccio? un boccale di metallo?) e poi, quando siete qua, contentare gli sposi! Che cosa ne pensi? Mi dispiace, ma questi figlioli, nel bene e nel male, sconvolgono le nostre abitudini.

Ho visto che dei film che mi hai chiesto esistono le versioni sia in Dvd che in Vhs. Il dvd costa il doppio (non ricordo bene la cifra perché ancora penso in lire e non so se i numeri che memorizzo sono lire o euro). Mi pare che il dvd costi circa 19 euro.

Che cosa preferisci che ti compri? Il libro invece è già in casa che ti aspetta.. (Vuoi che te lo spedisca, così ti avvantaggi con la lettura?)

Estate italiana: pochissimi giorni di caldo afoso e per il resto una specie di paradiso terrestre con sole e brezzolina fresca. Guardo spesso le temperature di Edimburgo sul giornale e.... rabbrividisco.

Chiudo questa lettera in stile quasi commerciale perché sono stata interrotta da un paio di visite graditissime ma lunghe di cari amici e fra un'ora devo prendere il treno per andare a fare la nonna al mare, fino a venerdì.

Ti scriverò ancora.

Un abbraccio affettuoso e buone vacanze. Saluti ai genitori di John, che se ben ricordo dovrebbero essere ospiti vostri in questo periodo

Maria

67.

07.10.04

Dear Caroline,

At last here I am again at my computer! Freedom from a job does not necessarily translate into the freedom to do what you would most like to do. Knowing that you have so much time at your disposal, you end up initiating so many things that in the end you are, as they say, submerged. I still keep a list reminding me of things to be done on the chest-of-drawers in my bedroom: it is a very long list, ranging from a phone call to my aunt who is ill to underpants for Lorenzo... Being able to cross them off gives me enormous satisfaction! A reminder to email you does not feature on the list, however: there is no need for reminders for people of whom we often think! You have both been particularly in our minds recently because Teresa is putting together the photos of the wedding taken by some of the friends who were there. To be honest, I am not particularly interested in looking at the photos, because the pictures seem to diminish my memories of the occasion: what I do like is to hear the comments of those looking at them and take a peek now and then to see some detail. As I said, you come to mind at moments like this, because, along with the things that we will all particularly remember with pleasure is the affectionate presence of some many friends like you and John: we needed to have you all there. And then, even though you say it would not have made any difference, the thought that the worsening of your father's condition and his death coincided with your visit makes me feel an obligation towards you..... How is your mother? Has she managed to reorganise her days, in the absence of your father? Are you worried about arrangements there or can you still rely on the same woman (Sam, I think she was called) who lives in the same house?

And now, a brief news flash about the family, beginning with the house:

the building work on the building in the courtyard is progressing amidst clouds of dust and deafening noises. We have not yet decided what we will do with it. Piero is convinced that as soon as it is ready our children will be competing to live there. They, on the other hand, and at least for the moment, are not showing the slightest interest because – they say – they would be too close to us. They seem more interested in staying to eat and sleep in our house...... In fact, as well as Lorenzo who is the only one who officially lives here, the others continue to gravitate towards our table: Anna and Simone are sure to be there at the weekend (the other days they are finally living in their house in the country); Teresa always says she can't stop to eat but before leaving raids the fridge for a few snacks. Sara has almost finished the renovations in her flat and in the meantime...... spreads herself around our house occupying drawers and wardrobes finally emptied by her sisters. I get a bit stressed by all this schizophrenic coming and going, while Piero enjoys it and is only upset when, as occasionally happens, we two find

67.

7.10.04

Cara Caroline

finalmente sono di nuovo qui davanti al computer! La libertà "da" un lavoro non si traduce necessariamente nella libertà "di" fare quello che più ci aggrada. Sapendo che si ha tanto tempo a disposizione, va a finire che si mettono in campo tante di quelle cose che alla fine si resta, come si suol dire, "ingolfati". Io continuo a tenere sul cassettone, in camera mia, un foglio con il pro-memoria delle cose da fare: un elenco lunghissimo, che va dalla telefonata alla zia malata, alle mutande per Lorenzo....Che soddisfazione quando depenno le varie voci! Non c'è però, in questo elenco, l'e-mail per te: non c'è bisogno di ricordare le persone che ci vengono spesso in mente! Ci capita di ricordarvi soprattutto in questi giorni, in cui Teresa sta raccogliendo le foto del matrimonio, che le arrivano dai vari amici presenti. Io, veramente, non ci tengo particolarmente a guardare le foto, perché le immagini mi sembrano riduttive rispetto ai ricordi che ho: mi piace però ascoltare i commenti di chi le guarda e sbirciare ogni tanto, a cogliere qualche particolare. Ti dicevo appunto che in questi momenti ci venite in mente perché, fra le cose che ricordiamo tutti quanti più volentieri, c'è la presenza affettuosa di tanti amici come voi: non avremmo potuto fare a meno di nessuno di voi. E poi, anche se tu dici che non sarebbe cambiato nulla, il pensiero che l'aggravamento e la morte del tuo babbo hanno coinciso con la vostra visita, mi fa sentire in debito con voi. La tua mamma, come va? È riuscita a riorganizzare le sue giornate, senza la presenza di tuo padre? Ti preoccupa la sua sistemazione o puoi ancora contare sulla stessa signora (Sam, se ricordo bene) che abita nella stesa casa?

E ora, notizie-flash sulla nostra famiglia, cominciando dalla casa:

i lavori di ristrutturazione dell'edificio che si trova nel cortile a sud stanno andando avanti, tra nuvole di polvere e rumori assordanti. Che cosa ne faremo, ancora non si sa. Piero è sicuro che appena la casa sarà finita i figli faranno a gara per volerci abitare. Loro, però, almeno per ora, non dimostrano nessun interesse, perché – dicono - sarebbero troppo "vicini" a noi. Sembrano più interessati a stare a mangiare e dormire nella nostra stessa casa. Difatti, oltre a Lorenzo, che è l'unico che formalmente risiede qui, anche gli altri continuano a gravitare intorno alla nostra tavola: l'Anna e Simone garantiscono la loro presenza nel fine settimana (gli altri giorni abitano finalmente nella loro casa di campagna); la Teresa dichiara sempre che non può fermarsi a mangiare, ma prima di andarsene si fa un paio di spuntini saccheggiando il frigo. La Sara sta concludendo i lavori di ristrutturazione nel suo appartamento e intanto dilaga nella nostra casa occupando cassetti e armadi finalmente svuotati dalle sorelle. Io mi innervosisco un po' di fronte a questo viavai schizofrenico, mentre Piero ci gode e si rammarica solo quando, per caso, ci ritroviamo solo noi due. Fortuna che questo capita solo di rado, anche perché

ourselves on our own...... It's lucky that this only happens rarely, partly also because his new job as *assessore* keeps him out of the house almost all of the day. As far as I can make out, his main occupation is to sit in his office receiving all those people who, for one reason or another, want to protest or complain about the council. Piero listens, fends off attacks, replies and gives assurances and, often, takes his bicycle and goes to check sites were he is required. I must admit that his experience in the trade union is coming in very useful in surviving this work as *assessore ai lavori pubblici* (or as he with his self-deprecating humour calls it, "pothole inspector").

Lorenzo is getting on well. He was very pleased to see some of his news articles published in the local newspaper: I think that he feels proud of having had faith in his abilities and for putting himself forward, with some insistence. I was impressed by his ability to return to persevere with the work. He is organising his studies well and managing to sit the exams without undue anxiety, calmly, well aware of what he knows (or doesn't know). I'll finish now leaving the many other things I have to tell you to the next letter. I'll certainly write to you again when I get back from Palestine.

Un abbraccio affettuoso to you and to John. Cari saluti to your daughters.

Maria.

il suo nuovo ruolo di assessore lo tiene fuori di casa per quasi tutto il giorno. Ho capito che la sua occupazione principale è quella di stare nel suo ufficio a ricevere gente: tutte persone che per un motivo o per un altro hanno proteste e lamentele da fare verso il Comune. Piero ascolta, "schiva i colpi", risponde e dà assicurazioni e, spesso, prende la sua bicicletta e va a fare sopralluoghi là dove lo richiedono. Devo riconoscere che la sua esperienza nel sindacato gli torna molto utile per sopravvivere in questo lavoro di assessore ai lavori pubblici (o, come dice lui stesso con la sua autoironia, assessore "alle buche")

Lorenzo procede bene. Gli ha dato una grande soddisfazione vedere pubblicati sul quotidiano locale alcuni suoi articoli di cronaca: credo che lo abbia inorgoglito il fatto di aver avuto fiducia nelle sue capacità e di essersi saputo proporre, anche insistendo, per essere messo alla prova. Io stessa ho ammirato la sua capacità di tornare alla carica più volte. Continua a studiare organizzandosi bene e riesce ad andare agli esami senza angosce, con tranquillità, consapevole di quello che sa (o non sa). Concludo qui lasciando alla prossima lettera le tante cose da dirti. Ti scriverò sicuramente ancora quando sarò tornata dalla Palestina

Un abbraccio affettuoso a te e a John. Cari saluti alle tue figliole

Maria

68.

15.11.04

Dear Caroline,

I have only got back to my computer today, after almost two weeks since I got home from Palestine, because I have been fully occupied looking after my mother who, four or five days after my departure, found a pain she had had in her back since mid-September had worsened and took to her bed, needing everything done for her.

I find having to be nurse and maid-of-all-work quite a sacrifice because my mother's already difficult character has inevitably become more pronounced. Accustomed to being a help to others, she cannot accept the idea of having to depend on others. I have begun to get Marta (Teresa's Tata) to help me for a few days a week and now things are beginning to go better also because fortunately it seems that a cure and recovery of strength are possible.

And now for my trip, the memories of which I am treasuring and sipping one by one in order to enjoy them the more. If you can imagine – I am even doling out the presents I brought back for friends and relatives one by one almost as if in this way I can make all the emotions last longer! It was the first time I had been out of Europe and the first evening we were greeted by a succession of sounds that sum up this land for me: while we were walking up a narrow street in Nazareth towards our hotel (an ancient hospice run by the Franciscans) we were accompanied by the song of a muezzin (it was the first time I had heard one in real life) and, a few moments later they started to ring the bells of the basilica. This succession, or rather intermingling, of different civilisations is both fascinating and disturbing. In Jerusalem, in the Church of the Holy Sepulchre, after the initial impact with the not always harmonious presence of several religions together in the one sacred spot, what most impresses is the coming together of everyone and everything in a single place. I also have happy memories of the group. Fairly small compared with the usual size, only 22 people, while normally Pilgrimages to the Holy Land involve groups of at least 50 people, far too many for my liking! I shared a room with Patrizia (one of my former colleagues and a teacher of English who was at the same table as you at Teresa's wedding); of the others I only knew three or four well; I came to know the others gradually as the days went by. Despite the rather advanced average age (I think that at least half of the group was somewhere between seventy and eighty) everyone was full of energy and good will.

So much sun and so much heat, especially in the desert. Crossing Lake Tiberius was wonderful and we had the unique experience (not very spiritual I have to admit!) of bathing in the Dead Sea, where I discovered I was unsinkable! As for the dangers of the region, we hardly noticed it except at the airport and at the fortress of Masada

68.

15.11.04

Cara Caroline,

mi sono seduta davanti al computer solo oggi, dopo quasi quindici giorni dal mio rientro dalla Palestina, perché sono stata assorbita dall'assistenza a mia madre che, quattro o cinque giorni dopo la mia partenza ha visto peggiorare un suo dolore alla schiena cominciato a metà settembre e praticamente si è messa a letto, bisognosa di tutto.

Sono diventata infermiera e donna tuttofare, con grande sacrificio, perché il carattere già spigoloso di mia madre, si è fatto inevitabilmente più difficile. Abituata ad essere di aiuto agli altri non accetta l'idea di dover essere lei a dipendere! Ho cominciato a farmi aiutare dalla Marta (era la Tata della Teresa) qualche giorno la settimana e ora le cose cominciano ad andare meglio anche perché fortunatamente sembra possibile una guarigione e una ripresa delle forze.

Ma veniamo al mio viaggio, di cui serbo e centellino i ricordi per assaporarli meglio. Pensa che anche i souvenir che ho portato per amici e parenti li distribuisco " a gocce" come per far durare di più le emozioni! Era la prima volta che uscivo dall'Europa, e quello che ci ha accolto la prima sera è stato un succedersi di suoni che rispecchia secondo me questa terra: mentre salivamo su per una stradina, a Nazareth, verso il nostro albergo (uno storico Ospizio gestito dai francescani) ci accompagnava il canto di un muezzin (era la prima volta che lo sentivo dal vivo) e, poco dopo, hanno suonato le campane della basilica. Questo succedersi o addirittura intrecciarsi di civiltà diverse affascina e inquieta nello stesso tempo. A Gerusalemme, nella Chiesa del Santo Sepolcro, dopo il primo impatto con la compresenza anche un po' conflittuale di più religioni nello stesso spazio sacro, impressiona la convergenza di tutti e tutto nello stesso unico punto. Ho bei ricordi anche del gruppo. Un gruppo piuttosto piccolo rispetto alla regola, solo 22 persone, mentre di solito i Pellegrinaggi in Terra Santa vedono muoversi gruppi di almeno 50 persone, uno sproposito per i miei gusti! Io dividevo la camera con Patrizia (è la mia ex collega, insegnante di lingua inglese, che era al tavolo con voi al matrimonio della Teresa); conoscevo altrettanto bene solo tre o quattro persone; le altre le ho scoperte giorno dopo giorno. Nonostante l'età media piuttosto elevata (pensa che una buona metà viaggiava tra i settanta e gli ottanta) c'era una grande vivacità di cuore e di pensiero.

Tanto sole, tanto caldo, soprattutto nel deserto. Suggestiva la traversata del lago di Tiberiade, e unica l'esperienza (molto laica, lo confesso !) del bagno nel Mar Morto, dove ho verificato la mia inaffondabilità ! Quanto alla pericolosità della zona, noi l'abbiamo appena percepita all'aeroporto e nella fortezza di Masada, dove mi ha fatto impressione una scolaresca di ragazzi ebrei accompagnati da un insegnante che aveva la pistola alla cintola e da una guardia armata con un fucile imponente. Nelle zone di

where I was struck by the sight of a school group of Jewish children accompanied by a teacher with a revolver in his belt and an armed guard with an impressive-looking gun. By contrast, at the sites of more specifically Christian interest, which are in the Arab quarters, we were hardly aware of any tension or hostility. Of course, after we had left, with the death of Arafat, I read that there has been trouble in Jerusalem as well, at the Damascus Gate where we had walked without any fear only a few days earlier. I'll finish now because I must return to my nursing duties: in half an hour, An's father is coming to give my mother some acupuncture (we are pursuing this route too) and I must get her ready. Piero has been very busy for the last two days because unusually strong winds have caused considerable damage in several areas of Sesto, bringing down trees, advertising hoardings, noise control panels.... and he, "heroically", is visiting the affected areas, inspecting and consoling...... How would the local council manage without him? And who could we at home make fun of if he were just any old pensioner?

News of the rest of the family in my next letter. Thank you too for writing to Lorenzo: he is pleased and I know that it is useful for him, not only linguistically.

Un abbraccio affettuoso to you and to John, my dear friends.

Maria.

interesse più propriamente cristiano invece, essendo situate nei quartieri arabi, non si avvertivano quasi per niente tensione e ostilità. Certo, poco dopo la nostra partenza, con la morte di Arafat, ho letto che anche a Gerusalemme, alla porta di Damasco dove noi passeggiavamo tranquilli pochi giorni prima, ci sono stati dei disordini. Ora chiudo perché devo tornare al mio lavoro di infermiera: fra una mezz'ora viene il babbo di An a fare l'agopuntura alla mamma (si sta provando anche questa strada) e devo prepararla. Piero è impegnatissimo da due giorni perché un vento di forza eccezionale ha combinato un mare di danni in più parti di Sesto, facendo cadere alberi, cartelloni stradali, pannelli antirumore...e lui, "eroicamente", va sul posto, controlla, consola. Come farebbero nel Comune senza di lui? E noi di famiglia chi prenderemmo in giro se fosse un pensionato qualsiasi?

Alla prossima lettera le notizie del resto della casa. Grazie intanto per la tua corrispondenza con Lorenzo: lui ne è contento e so che gli serve, non solo per la lingua.

Un abbraccio affettuoso a te e a John, amici carissimi

Maria

69.

31.12.04

Dear Caroline,

I had already started preparing letters with Christmas greetings for you and many other friends, when the condition of my mother's health became more serious and I had to abandon everything else to look after her. What has seemed like a simple, if uncomfortable, backache turned out, in mid-December, to be a metastatic cancer in the bone (she had an operation for breast cancer six years ago). Further age-related complications arose and she died two days after Christmas, on 27th December. We looked after her at home with the agreement of the doctor and with the assistance of a local team that provides pain relief for terminally ill patients. So she died in the best way possible with little pain and all her family around her. Even her character (rather difficult as I have mentioned before) softened and during the last two weeks we all rediscovered the serene relationship with her that had got rather obscured. So this is what happened and why I have not been in contact before. Now I am sorting out her things and the house that I had neglected entirely. I am being helped by a Ukrainian girl, taken on just before Christmas when we were expecting my mother's illness to progress more slowly. Among the first things that I felt I must do was to get back into contact with distant friends. I have thought often of you, imagining you at Christmas, calm and kind with your mother and with the rest of the family. Was it like that? Today in the last day of the year and looking, as I often do, at the temperature in Edinburgh in the paper, I am wondering if this evening you will be able to see the traditional fireworks over the city or whether it will be raining like last year........ We shall be at home as usual, with some good friends (Vittorio and the rest). I have announced however that I shall toast the new year no later than 10.30 and then leave the others and go to my bed: my biological rhythm is that of the lark, not the owl, as you can tell from the time of day I am writing to you...[5.30 am]

I'll stop now and leave you and John with an abbraccio from afar and my affectionate greetings and special wishes for a good new year.

Maria

and the rest of the family.

P.S. I have a small calendar to send you which I will do as soon as possible, before 2005 is too far advanced.... Your lovely card took no time at all to arrive.

69.

31.12.04

Cara Caroline,

avevo già tra le mani i biglietti di auguri, per voi e per tanti altri amici, con la data e qualche parola di saluto, quando le condizioni di salute della mamma sono diventate più critiche e per occuparmi di lei ho lasciato tutto indietro. Quella che sembrava una banale, anche se noiosa lombalgia, si è rivelata, a metà dicembre, una metastasi ossea (la mamma era stata operata al seno sei anni fa). Si sono aggiunte altre complicazioni legate all'età e la mamma è morta due giorni dopo Natale, il 27 di dicembre. L'abbiamo curata in casa, d'intesa con il medico e con l'assistenza di una equipe di zona che segue i malati terminali con una terapia antidolore. Così, è morta nel modo più sereno possibile, con dolori limitati e con tutti i parenti vicino.Anche il suo carattere (piuttosto difficile, come qualche volta ti ho detto) si era molto addolcito e le ultime due settimane abbiamo tutti ritrovato con lei una serenità di rapporti che si era andata un po' appannando. Ecco allora come sono andate le cose e perché non mi sono fatta sentire. Ora sto rimettendo in ordine le sue cose e la casa, che avevo assolutamente trascurato. Mi aiuta una ragazza ucraina, assunta subito prima di Natale in previsione di un decorso più lungo della malattia. Tra le prime cose che mi sono imposta di fare c'è la ripresa dei contatti con gli amici lontani. Ho pensato spesso a te, immaginandoti nei giorni di Natale serena e sollecita accanto a tua madre e con tutto il resto della famiglia. E' andata così? Oggi è l'ultimo giorno dell'anno e, guardando, come spesso mi capita, le temperature di Edimburgo sul giornale, mi chiedo se stasera potrete vedere i tradizionali fuochi d'artificio della città o se pioverà come l'anno scorso.... Noi saremo qui in casa come sempre, con alcuni fedeli amici (Vittorio & C...). Io però ho avvertito che brinderò al nuovo anno non più tardi delle 10,30 e poi li lascerò per andare a dormire: il mio è un "ritmo biologico" da allodola, non da gufo, come puoi verificare dall'ora in cui ti sto scrivendo...

Ora concludo e ti lascio, abbracciando da lontano te e John con un affettuosissimo saluto e tanti speciali auguri di buon anno

Maria

con tutta la famiglia.

P.S. Mi è' rimasto da spedire un piccolo calendario; lo farò al più presto, prima che il 2005 vada troppo avanti....Sono invece arrivati tempestivamente i vostri auguri, con quella bellissima riproduzione.

70.

04 01 05

Dear Caroline,

As well as your very nice letter (attached below), I only read today the email that you sent to the other address (yahoo etc.) in which you mentioned John's illness [Meniere's Disease]. This is why I didn't refer to it in my letter. I see however that, while you must both be worried by this new problem with which you will have to come to grips, your reaction is a sensible and pragmatic one, to stay on top of events and not allow them to dominate your lives. Well done, both of you! You must keep me informed of how things go.

A brief reflection on the problem of mother-daughter relations (which I see we have in common): we are right never to doubt the affection our daughters feel for us, even if sometimes it seems, from their behaviour, that there is none. The time always comes when they are able to show it. With this somewhat conventional aphorism, straight from the problem page of a women's magazine (but it is hard to be original when it comes to feelings), I will close this brief note. I'll write a longer letter soon to bring you up to date with the family's doings. I too had a little parcel to send you, still on my list of things to do: one of the things it contains is a kind of cake eaten at Christmas...

Un pensiero affettuoso also to John's parents who, from what you say, are going through a difficult time....

A special abbraccio to you two.

Maria.

P.S. Do I need to remind you that our house is always open, even for a last minute holiday for a bit of a rest?

70.

4.01.05

Cara Caroline,

ho letto solo oggi, insieme a questa tua affettuosissima lettera, l'e-mail inviata all'altro indirizzo (yahoo ecc) in cui mi parli della malattia di John. Per questo non te ne ho fatto parola nella mia lettera. Ho capito però che, insieme alla inevitabile preoccupazione per questo ultimo problema con cui dovete fare i conti, voi avete attivato anche una sana, pragmatica reazione, per "dominare" gli eventi e non "farsi dominare". Bravissimi! Tienimi informata su come vanno le cose: ci tengo.

Una breve riflessione sul problema dei rapporti madre-figlia (che, vedo, ci è comune): facciamo bene a non dubitare mai dell'affetto delle nostre figlie per noi, anche se qualche volta ci sembra, dai loro modi, che non ci sia. Viene sempre il momento in cui ce lo sanno dimostrare. Con questo aforisma un po' " di maniera", da posta del cuore (ma i sentimenti non permettono mollte originalità), concludo questo breve saluto. Conto di scriverti in modo più ampio per aggiornarti delle varie situazioni della famiglia, fra un po'. Anch'io ho un pacchettino da mandarti, che è rimasto tra le cose da fare: contiene anche un tipico dolce natalizio...

Un pensiero affettuoso anche ai genitori di John che, ho capito, stanno attraversando un triste periodo.

Un abbraccio speciale a voi due

Maria

P.S C'è bisogno di ricordarvi che la nostra casa è sempre aperta, anche per una vacanza decisa all'ultimo momento, per prendervi un po' di riposo?

71.

15.01.05

Dear Caroline,

I have only just read your letter because I don't check my mail regularly, but will reply at once. Unfortunately Emanuela has family problems at the moment. We speak frequently, and I could mention your suggestion to her, but I doubt that she is in a state at the moment to be able to give you a definite answer. I suggest you do the following, if you agree: tell your pupil to book the journey and the classes at the British Institute. I will find somewhere for her to stay as close to the city centre as possible and I'll send you the various possibilities; if it is not possible to find a reliable family or person, there is always our house where there is a bed and a place at the table! Here is Emanuela's phone number anyway in case you wanted to contact her, now or later: [055......]. I'll have to check for her email somewhere else, but I'll send it to you as soon as possible.

I received your present too! It was to thank you that I sat down at the computer. Isn't it funny that while my parcel with the calendar from Israel was lost somewhere in Scotland, your little Palestinian purse arrived at my house? I see it as a good omen for these two peoples!

I was especially pleased to see your photos, that I found had been "thought out" with such care for each of us. We were particularly moved by the photo of my mother, usually so reluctant to pose for a photo... You, on the other hand, (or John?) have managed to make her smile in a very natural way making it the most spontaneous and successful of all the pictures we have of her. Thank you again.

The usual affettuoso abbraccio, and a presto.

Maria.

71.

15.01.05

Cara Caroline,

leggo solo oggi questa lettera perché non controllo regolarmente la posta, e rispondo subito. Purtroppo Emanuela ha un grave problema in famiglia. La sento regolarmente e le posso parlare della tua proposta, ma dubito che abbia la "testa", in questo momento, per pensare a una risposta precisa, lo ti propongo di fare così, se sei d'accordo: di' alla tua alunna di prenotare pure sia il viaggio che le lezioni al British. Io le cercherò intanto una sistemazione il più possibile vicina al centro della città e ti comunicherò le varie opzioni; se poi non fosse possibile trovare una famiglia o persona di fiducia, a casa mia ci sarà comunque una camera e un posto a tavola! Ti scrivo intanto il numero di telefono di Emanuela nel caso volessi comunque, ora o in seguito, contattarla: 055[ ]. Per il suo e-mail devo controllare da un'altra parte, ma te lo farò avere quanto prima.

Anch'io ho ricevuto il tuo regalo! Appunto per questo mi sono messa al computer, per ringraziarti..Non è buffo che mentre viaggiava per la Scozia il mio pacchetto con il calendario da Israele, arrivasse a casa mia il tuo borsellino palestinese? Io lo vedo come un segno di buon augurio per questi due popoli!

Mi hanno fatto particolarmente piacere le tue foto, che ho avvertito "pensate" con tanta attenzione per ognuno di noi. Ci ha commosso soprattutto avere la foto della mamma, di solito così schiva di fronte all'obiettivo... Tu invece (o John?) sei riuscita a farla sorridere con naturalezza e è risultata la foto più spontanea e ben riuscita fra quelle che abbiamo. Grazie ancora.

II solito affettuoso abbraccio e a presto

Maria

72.

19.01.05

That's not a problem: when you know about the course (if there is anything at the British Institute at that time) we will sort out accommodation. If the girl is not able to attend classes in Florence, we would be very happy to have her at our house in Sesto and immerse her in a entirely Italian environment. We'll talk about it again as soon as you have got more information. As I write, an idea occurs to me: I'll telephone (thus saving time so that you can make a few more jars of marmalade....) and then I can tell you whether the Institute is open or closed at that time. If it is open, you can make the final arrangements.

I'll let you know the answer as soon as possible.

A presto,

Maria.

72.

19.01.05

Nessun fastidio: quando saprai del corso se c'è in quel periodo qualcosa al British) definiremo la sistemazione. Nel caso che la ragazza non potesse frequentare le lezioni a Firenze, saremmo molto felici di accoglierla noi a Sesto e di "immergerla" in una situazione tutta italiana. Ne riparliamo appena avrete fatto le vostre ricerche. Mentre scrivo mi viene un'idea: faccio io una telefonata(così risparmi un po' di tempo e puoi fare qualche barattolo in più di marmellata...) e poi ti so dire se l'Istituto in quel periodo è aperto o chiuso. In caso affermativo procedi tu con i dettagli.

Ti faccio sapere quanto prima la risposta.

A presto

Maria

Nonna Sira

73.

19.01.05

Dear Caroline,

I phoned the British Institute for information on courses for your student, but I don't think it will be very useful. During the period she will be in Florence, there are Italian language lessons, but it is a four-week course ending on 25th or another of two weeks that begins on 29th. The woman I spoke to suggested individual conversation classes, although she did not rule out the possibility that she could attend the classes of the two courses that are running.

All in all, it would be better if you contact her directly, also because, being her teacher, you will be able to explain better what level she is at and what she needs.

Ask for Samantha (she is the person I spoke to, tel. no. 055......) or send an email for her attention to info@britishinstitute.it.

They can also find a family for her to stay with in Florence. Once again, if she would like to come to our house we would be very happy to put her up. Our house has become very large now that we also have la nonna's rooms available. At the moment we have a Ukrainian girl, Tatiana, who came to help during my mother's illness. She is living with us while she is looking for another job: she is 30, tall, with brown hair and seems like another Bosi sister. She knows almost no Italian and I have been happy to rediscover my role as a teacher. While she learns Italian, Tatiana tidies the house and I have more free time......also to sit at the computer........ and to answer friends' letters.

Ciao a presto.

Greetings to John.

73.

19.01.05

Cara Caroline

ho parlato per telefono con il British per le informazioni sui corsi della tua studentessa, ma non penso di poterti essere utile. Nel periodo in cui lei sarà a Firenze le lezioni di italiano ci sono, ma si tratta di un corso di quattro settimane che termina il 25 e di un altro di due settimane che comincia il 29. La signora con cui ho parlato consiglierebbe delle lezioni individuali di conversazione anche se non esclude la possibilità di farle frequentare le lezioni dei due corsi in funzione. In conclusione, è meglio se prendete direttamente contatto anche perché, essendo tu la sua insegnante, puoi spiegare meglio il livello e le necessità.

Chiedi (tel 055......) di Samantha (è la persona con cui ho parlato) o invia un' e-mail alla sua attenzione info@britishinstitute.it.

Possono trovarle anche una sistemazione in una famiglia a Firenze. Io ripeto però che se vuole venire a casa nostra noi siamo molto felici di ospitarla. La nostra casa è diventata molto grande ora che abbiamo a disposizione anche le stanze della nonna. In questi giorni abbiamo una ragazza ucraina, Tatiana, venuta per aiutarci durante la malattia della mamma. Vive con noi mentre cerca un'altra occupazione: ha trenta anni, è alta e bruna di capelli e sembra un'altra sorella Bosi. Non sa quasi niente d'italiano e io ho volentieri riscoperto il mio ruolo di insegnante. Mentre impara l'italiano Tatiana mette in ordine la casa e io ho più tempo libero......anche per stare al computer....e rispondere alle amiche.

Ciao a presto

Saluti a John

74.

31.01.05

Sorry not to have replied sooner, but I have only looked at my mail today after several days tied up with various things (including a Saturday in Milan visiting old friends who are very much like you and John in their interests and character!). This is to confirm that we will put up Kitty with pleasure. Give our email address as well as the telephone number to her parents so that they can contact me directly. In what language? You suggest Latin...... Mamma mia! Let's do this: Kitty's mother or Kitty can write in English, because I can understand written English, while I can have recourse to Latin if I can't find any member of the family to translate for me....... Meanwhile it would be useful to know the time of arrival of her flight [in Pisa] so that we can organise the journey to Florence.

A presto,

Maria

74.

31.01.05

Scusami se non ho ancora risposto, ma apro la posta solo oggi, dopo diversi giorni di impegni vari (fra cui la giornata di sabato a Milano, per una visita a vecchi amici che assomigliano tantissimo a te e a John, per interessi e carattere!). Ti confermo che ospitiamo molto volentieri Kitty. Dai pure il nostro e-mail, oltre al numero di telefono, ai suoi genitori perché possano mettersi in contatto con me. In che lingua? Tu suggerisci il latino....Mamma mia! Facciamo così: la mamma di Kitty o Kitty possono scrivere in inglese, perché la lingua scritta riesco a comprenderla, mentre potrò ricorrere io al latino, se non trovo sul momento qualcuno della mia famiglia che possa tradurre per me... Intanto sarebbe opportuno conoscere l'ora di arrivo dell'aereo in modo da organizzare il trasferimento a Firenze.

A presto

Maria

75.

8.02.05

Dear Caroline,

So Kitty will stay with us! For lunch, she can do as she wants: either eat with us or out. In that case I will prepare something for her to take with her. I think, however, that in order to practise her Italian it would be useful for her to spend as much time as possible with us, do you agree? Our house continues to be full of people and she won't lack opportunities for conversation on every kind of topic. I hope I shall be able to show her round Florence at least once: I would enjoy it too.

On Friday I shall be in London. I organised this short trip (I'm coming home on Monday) on the spur of the moment thanks to Sara who has been in London for work since yesterday. A friend of hers is putting her up over the weekend and since one of her friends who was to meet up with her can't make it because of work, Sara suggested I took advantage of the opportunity. I managed to get a seat on Ryanair (but at a rather high price) and will do the journey both ways on my own! I am a bit worried about this because my ability to understand English is still less than zero: to give you an idea, when our English teacher reads the text of an exercise I always feel I am looking at the wrong page because I can find no similarities between the written language and the sound of it!

First of all I shall go to the Tate Gallery and then will entrust myself to Sara who seems to be very happy to look after me. It will also be an opportunity to spend some time for us to talk on our own, something that never happens at home. It will be good for her to be an only child, even if only for three days!

I have told you about this brief trip because life is full of coincidences...you never know.......any chance that you will be in that part of the country.....?

Un abbracico affettuoso. A presto.

Maria

75.

8.02.05

Cara Caroline,

Allora Kitty sarà nostra ospite! Per il pranzo potrà fare come meglio crede: o mangiare con noi o rimanere fuori. In questo caso le preparerò io qualcosa da portare con sé. Penso però che per fare esercizio di lingua italiana le sarà utile passare con noi più tempo che può, sei d'accordo? La nostra casa continua ad essere piena di gente e non le mancherà l'occasione di fare conversazione su argomenti di ogni genere. Spero anche di poterla accompagnare in giro per Firenze, almeno una volta: farà piacere anche a me.

Venerdì sarò a Londra. Ho improvvisato questo breve viaggio (rientro lunedì) grazie a Sara, a Londra per lavoro da ieri. Una sua amica la ospita nel fine settimana e siccome una amica italiana che doveva raggiungerla non può farlo per impegni di lavoro, Sara ha offerto a me di sfruttare l'occasione. Ho trovato posto sulla Ryanair (ma a un prezzo piuttosto alto) e farò il viaggio di andata e ritorno da sola! Questo mi preoccupa un po' perché il mio livello di comprensione della lingua inglese è ancora sotto zero: figurati che quando la nostra insegnante legge il testo degli esercizi, io ho sempre l'impressione di avere sbagliato pagina, perché non trovo nessuna corrispondenza tra scritto e suoni!

Andrò prima di tutto alla Tate Gallery e poi mi affiderò alla guida della Sara, che sembra molto contenta di prendersi cura di me. Sarà anche l'occasione per parlare un po' da sole, cosa che non riusciamo a fare in casa. Le farà bene essere figlia unica almeno per tre giorni!

Ti ho scritto del mio viaggetto perché i casi della vita.. non si sa mai...: se per caso anche tu fossi da quelle parti....?

Un abbraccio affettuoso. A presto

Maria

76.

9.02.05

Dear Caroline,

I have noted down Catherine's and John's parents' phone numbers. Obviously I am in the hands of Sara (and her arrangements) as far as communication goes, but I hope to be able to say hello to Cathy at least. I'll let you know.

All best wishes to Becky.

Saluti cari,

Maria

76.

9.02.05

Cara Caroline,

ho preso nota dei numeri di telefono sia di Catherine che dei genitori di John. Sono ovviamente nelle mani di Sara (e dei suoi impegni) per la comunicazione, ma spero di non perdere l'occasione di fare un saluto almeno a Cathy. Ti farò sapere.

Auguroni a Becky.

Saluti cari

Maria

Sara

77.

16.02.05

Dear Caroline,

I came down with flu while I was in London. I had already planned to go and say hello to Catherine in Monday morning (on my own, because I am able to get around London without the assistance of a "nanny") but the symptoms of flu appeared on Sunday afternoon and forced me to stay shut up in the house until the time for my departure. I spent the time reading........the guide to London. Please apologise to Catherine for my failure to appear. We must find another occasion to meet. Please also thank John's parents for making themselves available.

As for my trip, despite the inconvenience of flu, I returned home with a fine load of experiences and impressions. We'll talk about it when we next meet. Now I'm going back to bed because I have a temperature and feel very weak. It has been years since I was last ill and I find it odd being all alone in the bedroom or wandering around an empty house. We have agreed that it is better not to come into contact with one another so I only see the rest of the family from the doorway (apart from Lorenzo who caught flu at the same time) and for just long enough to communicate brief urgent messages. This too is a kind of holiday.

A presto.

Maria.

77.

16.02.05

Cara Caroline,

l'influenza mi ha raggiunto mentre ero a Londra. Avevo già in programma di andare lunedi mattina a salutare Catherine (anche da sola, perchè mi so spostare per la città senza aiuto della "balia") ma i sintomi dell'influenza si sono presentati domenica pomeriggio, e mi hanno costretto a starmene ben chiusa in casa fino al momento della partenza. Ho passato il tempo leggendo...la guida di Londra. Scusami quindi con Catherine se non mi sono fatta vedere. Dovremo cercare un'altra occasione per incontrarci. Ringrazia per me anche i genitori di John per la loro disponibilità.

Quanto alla mia vacanza, nonostante l'inconveniente dell'influenza, sono tornata con un bel bagaglio di esperienze e impressioni. Ne parleremo. Ora rientro a letto perché ancora ho un po' di febbre e molta debolezza. Erano anni che non mi ammalavo e mi fa un certo effetto starmene isolata in camera o girare per la casa vuota. Abbiamo difatti concordato che è meglio evitare il contatto, per cui vedo il resto della famiglia (fatta eccezione per Lorenzo, anche lui influenzato in contemporanea) dalla soglia della porta e lo stretto tempo necessario per comunicare brevi s.o.s. È una forma di vacanza anche questa.

A presto.

Maria

78.

5.03.05

Dear Caroline,

I got an email from Kitty just over a week ago in a very respectable Italian and I replied to her in Italian, so I don't think there will be any need to communicate in Latin, and maybe not even in English through my children...! She wrote a polite and amusing letter, making use of all Mrs Higgitt's [my] valuable lessons! Conversation may be more of a problem, but I will be careful to speak slowly, at least at first.

Here the weather is still unremittingly wintry. I don't remember such a long succession of days with such low temperatures. Usually at this time of year it is mild in the daytime with signs that spring is on the way. Only towards the end of March is there, according to tradition, a drop in the temperature and this return of the cold weather is called the *nodo dell'Annunziata*, because the 25th is the feast of the Annunciation..... Unusually, this year the temperature has gone to below zero at night time for more than a month and in the day the air is sharp and cutting. It has snowed several times on the hills around here and the landscape is still punctuated with patches of white. As soon as he has a moment free, Piero takes the car and goes up to Monte Morello to walk in the snow: he tells me that there are lots of people, especially parents with small children, but he seeks out the less frequented paths, where the only tracks are those of animals. He comes home highly satisfied and sits down next to the stove with the newspaper or his mobile phone... You can imagine the scene I think?

The young people (Sara, Simone, Anna and Giovanni) have gone skiing in the Alps and.... believe it or not, haven't found much snow....They are coming back this evening in a few hours time and I am split between the pleasure of seeing them again and the worry that chaos will return.... This week we have only had Lorenzo here (whom I notice is very happy to be an only child) and every now and then Teresa who comes to eat here after work. I have also found the time to go (by invitation, not on my own initiative) to Teresa and An's flat to "give a hand" in the tidying up. I was dismayed: it is true that I am in no position to criticise, because our house is a model of untidiness, but Teresa beats even me! I very tactfully made some suggestions (for example, not to put black socks in the wash with white sheets which makes everything a dismal grey....) and I see with relief that not only did Teresa not get offended but, on the contrary, she is throwing herself into housework with missionary zeal, enthusiastically informing me of what she has done. The latest domestic "bulletin" related to nothing less than the cleaning of the skirting boards..... Perhaps she is taking things too far?

78.

5.03.05

Cara Caroline

ho ricevuto poco più di una settimana fa una e-mail da Kitty, in un italiano più che comprensibile e in italiano le ho risposto: quindi penso che non ci sarà bisogno di comunicare in latino, e forse neanche in inglese, con la mediazione dei miei figlioli...! Ha scritto una letterina cortese e vivace, mettendo a frutto gli insegnamenti di Ms Higgitt! La conversazione sarà forse più problematica, ma io starò attenta a parlare lentamente, almeno i primi giorni.

Qui l'inverno continua a farsi sentire, imperterrito. Io non ricordo una serie così lunga di giorni a bassa temperatura: Di solito in questa stagione le giornate sono tiepide, con cenni di primavera. Solo verso la fine di marzo la tradizione vuole che ci sia un calo della temperatura, e questa ripresa del freddo si chiama il "nodo dell'Annunziata", perché il 25 di marzo è la festa dell'Annunciazione...Invece, da più di un mese, la temperatura scende di notte sotto lo zero e di giorno c'è un'aria sottile che taglia il viso. È nevicato a più riprese sulle colline circostanti e ancora il paesaggio è punteggiato di bianco. Piero appena ha un'oretta libera prende la macchina e va sul suo Monte Morello a camminare sulla neve: mi racconta che c'è tanta gente, soprattutto genitori con i bambini, ma lui va a cercare sentieri non battuti, dove c'è solo l'impronta di qualche animale. Torna a casa tutto soddisfatto e si mette accanto alla stufa, con il giornale o il telefono..È facile immaginare la scena, vero?

I giovani (la Sara, Simone con l'Anna e Giovanni) sono andati invece a sciare sulle Alpi e... questo è il colmo, non hanno trovato molta neve....

Tornano stasera tra poche ore e io sono divisa tra il piacere di rivederli e la preoccupazione del caos che ricomincia...

In questa settimana difatti abbiamo avuto solo Lorenzo (che, ho notato, ricopre molto volentieri il ruolo di figlio unico) e di quando in quando la Teresa, che si ferma qui da noi a desinare quando torna dal lavoro. Ho trovato anche il tempo di andare (su richiesta, non di mia iniziativa) nell'appartamentino di Teresa e di An a "dare una mano" per rimettere in ordine. Sono rimasta sconvolta: è vero che io non ho titolo per fare critiche, perché la nostra casa è un modello di disordine, ma la Teresa mi batte! Con molta diplomazia ho dato dei suggerimenti (per esempio come evitare di mettere in lavatrice i calzini neri con le lenzuola bianche, perché il risultato è un patetico grigio....) e vedo con sollievo che la Teresa non solo non se ne è presa a male, ma anzi, animata da un sacro fuoco, si sta dando un gran daffare e con entusiasmo mi informa dei suoi

I am telling you about us in no particular order and with no precise criteria, unless it is that I am confident and convinced that, as you read this, you can "see" the places and people I mention. It's true, isn't it? At least, I feel that when I read your letters I can "see" even those people I only know from photos, like your mother and Catherine.

Ti saluto con l'affetto di sempre. Un abbraccio to John.

Maria

interventi. L'ultimo " bollettino" domestico riguardava nientemeno che la pulizia del battiscopa....Non starà esagerando?

Ti parlo di noi "a ruota libera", senza un criterio preciso, se non quello della confidenza e della convinzione che, mentre mi leggi, "vedi" i luoghi e le persone di cui parlo. E' così, vero? Io almeno provo questa sensazione quando leggo le tue lettere...mi sembra di "vedere" anche le persone che conosco solo in foto, come tua madre e Catherine.

Ti saluto con l'affetto di sempre. Un abbraccio a John.

Maria

79.

15.03.05

Dear Caroline,

Could I ask you to do me a favour: could you ask Kitty if she sent me a second email after the one dated 24th February? I asked her to let me know the date and time of her arrival (so that I can meet her at the station or airport, depending) but I haven't had a reply. I know that there is still plenty of time before she arrives, but since the antivirus [software] on my computer told me that it had blocked an infected email (without telling me who it came from) I wouldn't like to think it was Kitty's letter that had been erased! Sorry to bother you with this, rather than asking Kitty directly but this way I can avoid mistakes in translation.

Thank you. Un abbraccio forte.

Maria

79.

15.03.05

Cara Caroline,

ti chiedo un piacere: puoi chiedere a Kitty se mi ha inviato una seconda e-mail successiva a quella del 24 febbraio? Le ho chiesto di farmi sapere il giorno e l'ora del suo arrivo, (per poterle andare incontro alla stazione o all'aeroporto, dipende) ma non ho ricevuto risposta. E' vero che c'è ancora del tempo prima del suo arrivo, ma siccome l'antivirus del mio computer mi ha comunicato di aver bloccato una e-mail infetta (senza dirmi da chi proviene), non vorrei che fosse proprio la lettera di Kitty ad essere stata cancellata! Scusami se mi rivolgo a te, invece che direttamente a Kitty, ma così si evitano errori di... traduzione.

Grazie. Un abbraccio forte

Maria

80.

17.03.05

I too will be brief: I have just got the message from Kitty: all has been sorted out. So there is no need for you to give her a shove [linguistic corrections follow].

I'll write to Kitty as well before the end of the day to give her times and directions.

Ciao ciao

Maria

80.

17.03.05

Anch'io sarò brevissima: ho letto proprio ora il messaggio di Kitty: tutto chiarito. Non c'è quindi bisogno di nessuna sollecitazione (la parola "spinto", come nome, non esiste. Usiamo la parola "spinta", con più accezioni: urtare qualcuno, o in senso metaforico, "raccomandarlo" per un lavoro, per sveltire una pratica burocratica.....È una cattiva abitudine molto italiana............

Entro stasera scrivo anche a Kitty per darle orari e indicazioni

ciao ciao

Maria

81.

28.03.05

Dear Caroline,

Another quick note to thank you both for the British "Calvados" [Somerset Royal Cider Brandy] which was most welcome and for sending us Kitty who is delightful. I hope she too is happy with things: she is very self-possessed and independent, managing well with us and getting around Florence, Sesto and elsewhere. Unfortunately, for one reason or another, our young people are not around much (for the first time!) but she seems to me to be quite content to be on her own and is also prepared to spend time with us. This morning she was initiated into the Monte Morello experience with us and some other friends (adults!), according to Bosi tradition. She passed with flying colours, although fortunately the changeable weather meant that we did not climb very high.... I will close with the promise to write again as soon as possible.

Saluti carissimi,

Maria

81.

28.03.05

Cara Caroline,

ancora un messaggio-lampo, per ringraziarti sia del "calvados" britannico, molto gradito, sia di quella deliziosa ragazza che è Kitty. Spero che anche lei sia soddisfatta: la vedo molto disinvolta e autosuffficiente, si orienta bene con noi e a giro per Firenze, Sesto e altrove. Purtroppo i giovani di casa non sono molto presenti (è la prima volta!) chi per un motivo, chi per un altro, ma mi pare che sappia stare anche da sola o che non le dispiaccia neanche la nostra compagnia. Stamani, con noi ed altri amici (adulti!) ha avuto il "battesimo" di Monte Morello, come si usa in casa Bosi. Ha superato brillantemente la prova, anche grazie al tempo incerto che ci ha tenuti a quote basse.... Chiudo qui con la promessa di rifarmi viva prima possibile.

Saluti carissimi

Maria

82.

31.03.05

Dear Caroline,

I am writing immediately in answer to your question about Maciste [name of a character film series, one of which I saw in Edinburgh], a word I haven't heard for years and which took me back in an instant to the past. My father often said it of people who are very strong: "You would have to be Maciste to lift up this stone", or to encourage us to eat he would say "eat up, you'll get muscles like Maciste". It was used almost antomomastically. People of his generation would obviously have known this character from the cinema (Cabiria?) [film of 1914 in which the character of Maciste first appears] and Maciste was the Schwarznegger [sic] of the day....

Here the weather is lovely. I am waiting for Kitty to get up (last night she went out with An and his friends and got home late) and then I am going out with her for a bit at last.

I have been very busy until yesterday (grandchild and Easter meal) and for this reason too I have not been in touch sooner: forgive me.

Guess who was at supper here last night? Carolyn, with Emanuela and Duccio! I'll tell you all about it.

A presto,

Maria.

82.

31.03.05

Cara Caroline,

ti rispondo subito a proposito di Maciste, una parola che ora non sento quasi più e che per me è come un tuffo nel passato. Il babbo lo usava spessissimo a proposito di persone che hanno molta forza: "per sollevare questa pietra bisogna essere Maciste"; oppure per invogliare a mangiare diceva "mangia, ti vengono i muscoli come quelli di Maciste". Praticamente era usato per antonomasia. Evidentemente le persone della sua generazione avevano conosciuto questo personaggio al cinema (Cabiria?) e Maciste era diventato lo Schwarznegger dell'epoca...

Qui tempo bellissimo. Aspetto che Kitty si svegli (ieri è uscita con An e i suoi amici e è tornata tardi) e poi finalmente potrò andare un po' a giro con lei.

Sono stata molto occupata fino ad ieri, (nipote e pranzo di Pasqua) e anche per questo non mi ero fatta sentire: perdonami

A cena, ieri sera, indovina chi c'era? Carolyn, con Emanuela e Duccio! Ti racconterò.

A presto

Maria

83.

5.04.05

What a coincidence! Your page on cochineal [an extract from a book on natural dyes I was translating] arrived just as I was planning....... not to dye some cloth! but to make a sweet dish traditional among our families in Sesto: it is called *zuppa inglese* (really!) [or "English soup", a type of trifle], at one time the most important dessert on special occasions. Talking to my contemporaries, we discovered that it was almost obligatory for our mothers to prepare this *zuppa inglese* – at Christmas and Easter, before cakes like *panettone* or the *colomba* [a cake shaped like a dove eaten at Easter] became the norm – the essential ingredient of which was a red liquid, alchermes, made of..... guess what..... that cochineal insect discussed in such a scholarly way in your French text!!! My recipe book, which gives some historical details about the dishes, says that cochineal, once used to dye cloth and now only to colour drinks, was called *alquermes* in Spanish from the Arabic *qirmiz* meaning "scarlet".

I think I shall try and make it one of these days (first I must get the red food dye) and when you come (as soon as possible because I can't have you languishing sadly, dreaming of Italy....) it will be the first dessert you eat. And by then I'll also be able to tell you why it is called "English soup"!

To return to the work you are doing, I can see that, quite apart from cochineal, it is such a detailed and meticulous text that it must be...... instructive, but also a bit *palloso* (who knows whether you will find this word in your dictionary) [slang: "boring"].

A presto.

Un abbraccio affettoso,

Maria

83.

5.04.05

Che coincidenza! E' arrivata la tua pagina sulla cocciniglia proprio quando io stavo progettando di provare a fare....non la tintura di un tessuto!, ma un dolce tradizionale nelle nostre famiglie sestesi: si tratta della "zuppa inglese" (davvero!), un tempo il dolce delle nostre feste più importanti. Abbiamo verificato, in una chiacchierata tra coetanei, che era quasi d'obbligo che le nostre mamme preparassero – anche per Natale e Pasqua, prima che si affermassero i dolci come il panettone o la colomba – questa "zuppa inglese"che ha come ingrediente fondamentale un liquore rosso, l'alchermes, fatto appunto... prova a indovinare...con quella famosa cocciniglia di cui tanto dottamente e diffusamente parla il tuo testo francese!!! Il mio libro di cucina, che aggiunge alle ricette qualche cenno storico, dice che la cocciniglia, usata una volta per tingere le stoffe e ora solo per colorare i liquori, viene chiamata alquermes in spagnolo dall'arabo qirmiz che significa scarlatto.

Penso di provare a rifarlo uno di questi giorni (mi devo procurare prima il liquore) e quando verrete (prima possibile, perché non posso permettere che tu languisca di malinconia pensando all'Italia....) sarà il primo dolce che assaggerete. E per allora saprò anche dirvi perchè si chiama "zuppa inglese"!

Tornando al tuo lavoro, ho capito che, cocciniglia a parte, un testo così meticoloso e denso di particolari, deve essere....istruttivo, ma anche un po' "palloso" (chissà se il tuo dizionario spiega questo termine).

A presto

Un abbraccio affettuoso

Maria

84.

19.04.05

Dear Caroline,

First of all, this is to confirm that we are expecting Catherine at our house and, secondly, to suggest to her, if it is possible, that she extends her stay in Florence: she can decide about this even at the last moment. Meanwhile we are expecting her on Wednesday 27th April: we'll eat together. Talking of which, is there anything that Catherine can't or would rather not eat? Let me know. As for the fact that she does not speak Italian, when I mentioned this to Piero he commented "excellent! At last..." Evidently he is hoping to show off his English.... Poor Catherine.....

A presto,

Maria

84.

19.04.05

Cara Caroline

Rispondo prima di tutto per confermare che aspettiamo Catherine a casa nostra, e poi per suggerirle, se le è possibile, di fermarsi un po' più di tempo a Firenze: può decidere anche all'ultimo momento. Noi intanto l'aspettiamo per mercoledì 27 aprile: ceneremo insieme. A proposito, c'è qualcosa che Catherine non può o non desidera mangiare? Fammelo sapere. Quanto al fatto che non parla italiano, quando ho detto questo a Piero lui ha commentato: "benissimo! Finalmente...". Evidentemente spera di poter sfoggiare il suo inglese.... Povera Catherine....

A presto

Maria.

85.

23.04.05

Simone had already been booked (though with Giovanni's appendicitis.... but let's hope for the best!). We hope to have the other children as well so that Piero's plan to show off and improve his English can be thwarted....

Ciao ciao,

Maria

85.

23.04.05

Già prenotato da subito Simone (con l'appendice di Giovanni, naturalmente...speriamo bene!). Spero di avere anche gli altri figli in modo che la pretesa di Piero, di esibire e arricchire il suo inglese, possa essere vanificata...

ciao ciao

Maria

86.

9.05.05

Dear Caroline,

Catherine's postcard arrived two days ago, even without a stamp! A long and affectionate message that pleased us very much: and I was able to understand by myself almost everything that she wrote, an indication that I am making progress with my English lessons. (It's pity, however, that I still can't understand spoken English or utter a word!)

On the other hand, there was no need to know the language to feel at ease with your daughter: partly because I felt I knew her already and partly because she is so sensitive and nice that she seems almost to read one's thoughts. She left us two delightful presents, a beautiful book (in Italian!) on the National Gallery and a copy of the Gallery's technical bulletin containing one of her articles. They are both on glossy paper and must have made her suitcase very heavy.... And for this too we are grateful to her.

We were all sorry that her visit was so short: Teresa was not able to stay to eat with us because she had to study for a competition and Sara was in Belgium for work!

Giovanni was there, however, and as often happens when there are guests, he showed the worst side of his character...

But there will be other occasions to meet. I have invited her to come back, with Richard too who I learned has never been to Florence (a very serious omission that must be remedied as soon as possible).

Update on... the political situation. Yes, it is true, Berlusconi is getting worse and worse even if he took a beating. Now we must wait for the elections next year if we are to hope for change (and this is not entirely certain...). There has been a lot of talk about your election results here, which is to say about the loss of votes suffered by Blair occurring in such a consistent way. Everyone seems very interested in events in England, comparing them with what happens in Italy (we are struck particularly by the practice of the almost automatic resignation of the leader of the losing party: in Italy resignations are usually only used to provoke and are habitually withdrawn...)

I'll finish with a few words about the weather (to make you miss Italy even more...)

Here summer has arrived in a rush: the wisteria flowered early, followed in turn by the roses. The mosquitoes, taken by surprise by this sudden rise in temperature, have not yet appeared and we have been eating in the garden for the last few days, even in the evening, without being persecuted....

and so now I'll close with un abbraccio affettuoso and an invitation to visit us soon.

Maria.

86.

9.05.05

Cara Caroline

la cartolina è arrivata, due giorni fa, anche senza francobollo! Un messaggio lungo e affettuoso che ci ha fatto molto piacere: anch'io ho capito da sola quasi tutto quello che Catherine ci ha scritto, segno che faccio dei progressi con le mie lezioni di inglese. (Peccato che invece continui a non capire l'inglese parlato e a non spiccicare una parola!).

Non c'era invece bisogno di sapere la lingua per sentirmi a mio agio con tua figlia: un po' perché mi sembrava di conoscerla da sempre e un po' perché è così sensibile e gentile che sa quasi leggere nel pensiero.Ci ha lasciato due doni graditissimi, un bel volume (in italiano!) sulla National Gallery e una copia del bollettino tecnico del museo con un suo articolo. Sono tutti e due in carta patinata e hanno appesantito non poco la sua valigia.... Anche per questo le siamo grati.

Ci è dispiaciuto, reciprocamente, che la visita sia stata così breve: anche Teresa non si è potuta trattenere a cena, perché doveva studiare per un concorso, mentre Sara per l'appunto era in Belgio per lavoro!

C'era invece Giovanni che, come spesso gli capita quando ci sono ospiti, ha mostrato il lato peggiore di sé...

Ma ci saranno ancora occasioni per incontrarsi. Io l'ho invitata a tornare anche con Richard che, ho saputo, non ha mai visitato Firenze (lacuna gravissima da colmare al più presto).

Brevi di... politica. Sì, è vero, da noi Berlusconi continua ad imperversare, anche se ha avuto una bella batosta. Ormai dovremo aspettare le elezioni politiche del prossimo anno per sperare in un cambiamento (che non è assolutamente certo...)

In questi giorni si parla molto dei vostri risultati elettorali, cioè del ridimensionamento di Blair, avvenuto in modo consistente. Sembrano tutti molto interessati alle vicende inglesi e fanno i confronti con i costumi italiani(ci colpisce soprattutto la prassi delle dimissioni quasi automatiche da parte del leader del partito che non vince: in Italia le dimissioni sono in genere solo uno strumento di provocazione e vengono abitualmente ritirate..)

Concludo con due parole sul tempo (per suscitare la nostalgia dell'Italia...)

Qui è scoppiata l'estate: il nostro glicine è fiorito velocemente, seguito a ruota dalle rose. Le zanzare, colte di sorpresa da questo improvviso aumento di temperatura, non si sono ancora fatte sentire e da qualche giorno mangiamo in giardino, anche la sera, in piena tranquillità...

e ora chiudo con un abbraccio affettuoso e l' invito a visitarci presto

Maria

87.

12.05.05

Yesterday an envelope arrived containing the leaflets on the Scottish Parliament..... in Italian!!!!! Who deserves the credit for translating and distributing these publications in our language? I am happy to see that they are also thinking of those Italians who are allergic to foreign languages....

And thanks to you too for thinking of satisfying our questions of two years ago (although it seems like only yesterday....) Talking of which, I wonder how your white lilac did this year.....

Affectionate thanks and a presto,

Maria

87.

12.05.05

Cara Caroline

è arrivata ieri una busta con i fascicoli illustrativi sul parlamento scozzese....in italiano!!!!! A chi il merito di aver tradotto e diffuso nella nostra lingua queste pubblicazioni? Fa piacere vedere che si pensa agli italiani allergici alle lingue straniere...

E grazie a te per aver pensato a soddisfare le nostre curiosità di un paio di anni fa (ma mi sembra ieri...) A proposito..chissà come è fiorita la vostra lilla bianca..

Un grazie affettuoso e a presto

Maria

88.

18.06.05

Dear Caroline,

The days seem to fly by, taken up with events big and small and only now is there a moment to make contact again. It must be almost a month (or more?) since your letter arrived. Here all kinds of things have been happening, nothing serious fortunately. The most notable event, falling into the category of tragicomedy, was Piero's stomach upset, accompanied by a high temperature, perhaps caused by a virus. In four days he lost four kilos (and he certainly isn't someone who needs to lose weight...)! His frequent trips to the bathroom, day and night, were witnessed with some anxiety by the whole family (especially after the first night when he even fainted, banging himself on the head in the process); however, the "drama" turned into more of a comedy, since it was hard not to smile at the sight of our fearless head of the family in the grip of such a prosaic upset. Now, however, Piero is entirely recovered and has resumed his almost daily walks on Monte Morello.

Other news in brief:

Teresa is studying for a competition that will mean she can work in a hospital. She has passed the written exam and tomorrow has the oral. She has moved back in with us, even to sleep, so that she can study without interruptions. An comes to visit her, just like before they were married, and every now and then she goes to her own house to wash some clothes. Teresa has an unusual idea of peace and quiet! She says that there is too little going on at her house, she is not used to it and this distracts her from studying!

At least fours days have passed since I wrote the above: I had intended to return to it and finish it off, but since you will begin to think I have disappeared off the face of the earth I won't write any more but will send it off.

I am hoping that, thanks to your new situation as an ex-teacher, you, perhaps with John, or on your own (why not?) can get a low-cost [Maria uses the English] flight and come and visit us here so that we can tell each other all the things we have to say in person.

Un abbraccio affettuoso to you and to John. Saluti cari to Catherine.

Maria.

88.

18.06.05

Cara Caroline

i giorni volano dietro a faccende e faccenduole e così solo ora trovo il modo di riprendere i contatti. Mi pare che sia passato quasi un mese (o di più?) dalla tua lettera. Qui è successo di tutto un po'; non cose gravi, per fortuna. Il fatto più eclatante, del genere tragicomico, è stato un disturbo intestinale di Piero, accompagnato da febbre alta, forse di origine virale. Pensa che in quattro giorni ha perso quattro chili (proprio lui che non aveva bisogno di dimagrire...) Il suo andirivieni in bagno, giorno e notte, è stato seguito da tutta la famiglia con una certa preoccupazione (specie dopo la prima notte, quando è addirittura svenuto ferendosi alla testa); però, sul "dramma" ha presto prevalso la commedia, perché come non sorridere nel vedere il nostro spavaldo capofamiglia alle prese con un disturbo così prosaico? Ora comunque Piero ha ripreso appieno tutte le forze e le sue passeggiate quasi quotidiane a Monte Morello.

Altre notizie in breve:

Teresa sta studiando per un concorso che le permetterebbe di lavorare in ospedale. Ha superato lo scritto e domani ha l'orale. Per studiare con tranquillità si è di nuovo trasferita da noi, anche a dormire. An viene a trovarla, come quando erano fidanzati, e ogni tanto lei va a casa sua a fare una lavatrice. Originale il concetto di tranquillità per Teresa! Lei dice che a casa sua c'è troppo poco movimento: non ci è abituata, e questo la distrae!

Riprendo a scrivere dopo una interruzione di almeno quattro giorni: lo scopo era quello di riprendere questa lettera e integrarla, ma siccome rischio di passare per "DISPERSA" rinuncio a completarla e la spedisco.

La mia speranza è che, grazie anche al tuo nuovo ruolo di ex-insegnante, tu, con John possibilmente, o anche da sola (perché no?) possa raggiungerci qui a casa nostra prendendo al volo un aereo low-cost e ascoltare e raccontare dal vivo le tante cose che abbiamo da dirci.

Un abbraccio affettuoso a te e a John. Saluti cari a Catherine

Maria

89.

15.07.05

Dear Caroline,

Before writing this email, I was rereading the letter you sent me before going off on your holiday in Germany and Poland, to check the dates of your movements and I noticed that, if you have stuck to your programme, you arrived in London the day after the bombs. Horrible thought! I think it is inevitable that one feels a touch of survivor's syndrome! I know that our cities are enormous, that there are millions and millions of persons travelling about them, yet it is difficult not to think about the mysteriousness of the chains of coincidence that bring us to be in one place rather than in another, finding ourselves next to this person rather than that one.... For example, when I came to London last February, we met a good friend from Sesto whom I had not seen for years on the platform of an underground station! To talk of more cheerful things (I don't know if I have already told you this), I often think about when we first became friends: did you know that a few days before you first came to us the office at the British Institute asked me if I would mind putting up a different person, a vegetarian? If I had agreed, would I have ever got to know you?

So, by now you must both be back home, with the usual pile of books, guides, leaflets, photos etc. etc..... have I guessed right? John will be sorting out his things and you will be back at work at your computer: I can almost see you. You will also be getting ready for the Edinburgh Festival (have you already decided what to go to?). About the teaching book you mentioned to me, let me know if there is any news: I don't think I can be of much help to you, but I am very interested. Talking about teaching and school, Emanuela has decided to take retirement and so finished teaching a few days ago. She didn't want to take part in the official leaving do, so a colleague and friend of hers organised a little surprise party for her, also inviting former colleagues from her previous school (Scuola Lorenzini that closed because of falling rolls in 1994): a cake, a glass of sparkling wine, a token present (a silver Pinocchio), a poem in her honour and lots of tears... I think she is still crying... from happiness and emotion....

Family news...

Lorenzo is working on his third-year dissertation. He seems to be very comfortable with the subject he was assigned (it is something to do with the relationship between the role of trades unions and unemployment). If there are any problems, it is to do with using the computer..... he always affected to despise it and now must backtrack and make friends with the "monster"...

Plans for the summer: I am (reluctantly) going to do my grandmotherly duty at the seaside. On 1st August we are leaving for our usual holiday in Abetone, where we will be

89.

15.07.05

Cara Caroline

rileggevo, prima di scrivere questa e-mail, la lettera che mi hai mandato prima di partire per le tue vacanze in Germania e Polonia, per verificare le date dei tuoi spostamenti e notavo che, se avete rispettato i programmi, siete arrivati a Londra il giorno dopo l'attentato. Che brividi! Penso che sia inevitabile provare la sindrome del sopravvissuto! E' vero che le nostre città sono enormi, che sono milioni e milioni le persone che vi si muovono, però non si può fare a meno di pensare a come sono misteriose le catene di coincidenze che ci portano in un luogo invece che in un altro, accanto ad alcune persone invece che ad altre... Pensa che quando sono venuta a Londra nel febbraio scorso, nella stazione della metropolitana abbiamo incontrato un caro amico di Sesto che non si vedeva da anni! E, per parlare di qualcosa di più rassicurante, (non mi ricordo se te lo avevo già raccontato), penso spesso all'inizio della nostra amicizia: lo sai che dalla segreteria del British, alcuni giorni prima del tuo primo arrivo mi avevano chiesto se avevo qualche problema ad ospitare una persona diversa, che mangiava vegetariano? Se mi fossi resa disponibile, ti avrei conosciuta?

Dunque, a questo punto dovreste essere tornati tutti e due a casa, con il consueto bagaglio di libri, guide, opuscoli, foto, ecc.ecc.... vero? John starà riordinando il materiale e tu sarai di nuovo al lavoro con il tuo computer: Mi pare di vedervi. Vi starete preparando anche per il festival di Edimburgo (avete già deciso quali spettacoli seguire?). A proposito del libro didattico di cui mi parlavi, se ci sono novità informami: non credo di poter essere utile, ma sono assai curiosa. A proposito di didattica e di scuola, Emanuela ha deciso di andare in pensione e quindi ha chiuso con l'insegnamento pochi giorni fa. Non ha voluto partecipare alla festa canonica di addio. Allora una collega e amica le ha organizzato una festicciola a sorpresa, radunando gli ex-colleghi della scuola di provenienza (la scuola Lorenzini, chiusa per mancanza di alunni nel '94): un dolcino, un bicchiere di spumante, un regalo-simbolo (un Pinocchino d'argento), un sonetto a lei dedicato e tante lacrime.. Credo che stia ancora piangendo..dalla gioia e dalla commozione....

Notizie dalla famiglia...

Lorenzo sta lavorando alla tesina del terzo anno. Lo vedo a suo agio con l'argomento che gli è stato assegnato (ha a che vedere con il rapporto tra ruolo del sindacato e disoccupazione). Se qualche difficoltà c'è, dipende dall'utilizzazione del computer....:lo ha sempre snobbato e ora deve recuperare e entrare in confidenza con il "mostro"...

Programmi per l'estate: vado qualche giorno al mare (senza entusiasmo) a fare la nonna. Il primo di agosto partiamo per la nostra meta abituale, l'Abetone, dove, a ondate, ci

joined by successive waves of family members and friends. I regard this house as a rest cure: I don't mind returning again for my holidays to these familiar cool and welcoming surroundings, especially because, now that I have retired, I can always find other times for new experiences. And then in August the heat in Florence is impossible (not to mention the mosquitoes!) and it is necessary to get away. We'll be back on 30th or 31st. Anna will be at home as she is working almost all of August. Here is Piero's new mobile number, so that you can get hold of us quickly in case you decide, you and John or one of your daughters, to come south to Italy. Catherine knows that she can come when she wants with her boy friend and the same goes for Becky too of course. I'll stop now. Affectionate thoughts to your mother and John's parents. To you two, un abbraccio forte.

Maria.

Piero's mobile no.: [..........]

raggiungeranno un po' tutti, familiari e amici. Penso a questo appuntamento come a una cura ricostituente: non mi dispiace ritornare a fare la vacanza negli stessi luoghi, freschi e accoglienti, specie perché, ora che sono in pensione, mi posso ritagliare altri momenti per le nuove esperienze. D'altra parte in agosto a Firenze il caldo fa veramente soffrire (per non parlare delle zanzare!!!) e bisogna trovare il modo di mettersi in salvo. Torneremo il 30 o il 31. A casa resta Anna, che lavora quasi tutto il mese. Ti scrivo il nuovo numero di cellulare di Piero, per un contatto veloce nel caso decidiate, o voi due o una delle vostre figlie, di scendere in Italia. Catherine lo sa che può venire quando vuole con il suo ragazzo e lo stesso vale per Becky, naturalmente.

Ora ti lascio. Un pensiero affettuoso a tua madre e ai genitori di John. A voi due un abbraccio forte

Maria

Cellulare di Piero

[..........]

90

7.10.05

Yes, I got it [my email], and I answered it, but I too have had and am still having problems with the computer, which is why I only read it at the end of September and sent you a very brief message, because I had to take it back at once to the repairer. We are still not getting anywhere. They have returned it to me (having drastically reformatted it) but we are not able to get connected to the internet. I am writing to you on Simone's laptop (they are all living here again for the moment) where I can't retrieve mail already sent. I am feeling both exasperated by these technological bedevilments and mortified: when I go to the repairer's – although the people there are delightful and very understanding – I feel frustrated and impotent, with my degree in literature and my professional standing as a teacher counting for nothing. So, since I recall from your letter of September that there were some publishers' phone numbers, now obviously I don't have them, so could you send them again? In my answering letter I remember that I asked you to give me a better idea of what to ask them: should I tell them that you will phone them later? Ask who is the relevant contact? In this case, you should give me a short resumé of the project in question, just to be sure and accurate. Sorry, I'm feeling a bit useless and not only with the computer.............

A presto

Maria

90.

7.10.05

Sì, l'ho ricevuta, e ho risposto, ma anch'io ho avuto e ho tuttora problemi con il computer, per cui l'ho letta solo alla fine di settembre e ho scritto due righe, ma sinteticamente, perché dovevo riportarlo velocemente dal tecnico. Ancora però non siamo a niente. Me lo hanno restituito (dopo averlo drasticamente formattato) ma non riusciamo a connetterci con internet. Ti scrivo dal portatile di Simone (sono tutti di nuovo a casa mia per il momento) su cui non ritrovo la posta inviata. Sono esasperata da queste "diavolerie" tecnologiche e mortificata: quando vado dai tecnici - che pure sono delle persone deliziose e comprensive - mi sento frustrata e impotente, con la mia laurea in lettere e la mia professionalitá da insegnante da buttare. Dunque, siccome ricordo che nella tua lettera di settembre c'erano dei numeri di telefono di case editrici, che io non ho logicamente più, rimandameli. Nella mia lettera di risposta ricordo anche che ti chiedevo di indicarmi meglio che cosa chiedere: avvertire che telefonerai tu successivamente? Chiedere qual è la persona referente? In questo caso dovresti brevemente riassumere i termini della questione, per sicurezza e amor di precisione. Scusami, ma sono un po' imbranata, e non solo con il computer......

A presto

Maria

91.

13.10.05

The obstructiveness of the computers in the Bosi household continues: I am getting round the problem by using one of the PCs in the Public Library. I am writing this message in the multimedia room, surrounded by students at other computers doing their research or...... playing solitaire....

I'll come here every two or three days until we get to the bottom of our technological problems.

And what about your ceiling? [I had written to say that a ceiling had fallen down in our house.] No harm caused to anyone I hope. I don't suppose you discovered some hidden frescoes? Or did you get nothing but dust, lumps of plaster and a fright?

A presto,

Maria

91.

13.10.05

Continua l'ostruzionismo dei computer in casa Bosi: aggiro l'ostacolo usando uno dei PC della Biblioteca Pubblica. Questo messaggio lo sto scrivendo appunto nella sala multimediale, tra studenti che faanno ricerche sugli altri schermi, o....giocano al solitario...

Verrò qui ogni due o tre giorni finché non saremo venuti a capo dei nostri problemi tecnologici.

E il soffitto? Nessun danno alle persone, spero. Magari avete scoperto qualche affresco nascosto? O avete rimediato solo polvere, calcinacci e spavento?
A presto

Maria

92.

14.10.05

Received, read (still at the public library...), transcribed.

I hope to be able to give you the names you asked for shortly.

Un saluto affettuoso,

Maria.

92.

14.10.05

Ricevuta, letta (ancora nella biblioteca pubblica...), trascritta.

Spero di poterti far sapere i nomi richiesti al più presto.

Un saluto affettuoso

Maria

93.

19.10.05

Dear Caroline,

It took me just a few minutes yesterday afternoon to get the names you wanted !

They are written out below and I have added the emails addresses though you may have these already. All three publishers told me, however, that you can wait to get in contact with them until next week because the relevant people are in Frankfurt for the Book Fair.

[......]

Why don't you come to present your project in person? Think about it. Another thing: I gathered, especially from the woman at [.....] that it would be a good idea to send a sample of the proposed book, also by email (but perhaps you have already thought of this yourself).

On the family front the only bit of news concerns Lorenzo who will present his degree thesis (the first of the three-year examinations) around 10th December. He has worked on it without fuss and pretty quickly. His university studies will continue however: the recent university reforms mean that a qualification can now be obtained after the first three years, but in practice it is almost obligatory to continue, because in most of the faculties the three-year qualification is not "spendible".

Oh, I forgot to mention an "epoch-making" change in our family arrangements : the arrival of "separate kitchens". For just over a week now, the Calamai family, which is to say Anna, Simone and Giovanni have been using the flat that was Nonna Sira's for everything: not only do they sleep there, but finally they are eating there too. It took a quarrel between Teresa and Anna to bring about this major step! The least satisfied was Simone who enjoys his food and complains, with good reason, of Anna's lack of cooking skills. So, after the first few days of total separation, the walls are beginning to come down and through them passes not only Giovanni, of course, but also a number of saucepans and frying pans with foods of various kinds....

I gather there has been quite a bit of coming and going at your house too. I can just imagine how your mother must have felt to see your doll's house and rocking horse (those are the things that particularly struck me) again after so long!

And what about your actor friends? Are they the same ones as came last year during the Edinburgh Festival?

Talking about which, I don't remember if I ever saw "Waiting for Godot" at the theatre

93.

19.10.05

Cara Caroline

ieri pomeriggio, in pochi minuti ho avuto i nomi che desideravi!

Te li scrivo qui di seguito e aggiungo l'indirizzo e-mail che però forse hai già. Tutti e tre gli editori mi hanno comunque detto che puoi aspettare a metterti in contatto la prossima settimana, perché i referenti sono a Francoforte per la fiera del libro.

[..................]

E se venissi di persona a presentare il tuo progetto? Facci un pensierino. Un'altra cosa: ho capito, in particolare dalla editrice [.......] che sarebbe opportuno inviare un "campione" del lavoro proposto, sempre via e-mail (ma forse ci hai già pensato da sola).

Sul fronte della nostra famiglia l'unica novità riguarda Lorenzo che discuterà la sua tesi di laurea (la prima, del triennio) intorno al 10 di dicembre. Ha lavorato con facilità e piuttosto velocemente. Gli studi universitari però proseguono: la riforma universitaria recente dà un titolo dopo i primi tre anni, ma nella pratica è quasi obbligatorio continuare, perchè nella maggior parte delle facoltà il titolo triennale non è "spendibile".

Ah, dimenticavo di riferire un cambiamento "epocale" nella gestione della nostra vita familiare: l'avvento delle "cucine separate". Da poco più di una settimana la famiglia Calamai, cioè Anna, Simone e Giovanni utilizzano integralmente quello che era l'appartamento della nonna Sira: non solo ci dormono, ma finalmente ci mangiano. C'è voluto un litigio tra la Teresa e l'Anna per arrivare a questo grande passo! Il più insoddisfatto è Simone che apprezza le belle tavolate e che, giustamente, si lamenta della scarsa abilità dell'Anna intorno ai fornelli. Quindi, dopo i primi giorni di separazione totale, ora cominciano ad aprirsi dei varchi, attraverso i quali passa, non solo Giovanni naturalmente, ma anche qualche tegame o padella con cibarie di vario genere....

Sento che anche nella tua casa c'è un bel viavai. Penso alla tua mamma: chissà che emozione rivedere dopo tanto tempo la tua casa di bambole e il cavallo a dondolo (sono le cose che mi hanno colpito di più)!

E gli amici attori? Sono gli stessi che sono venuti l'anno scorso durante il festival di Edimburgo?

A proposito, non mi ricordo se ho mai visto a teatro "aspettando Godot", ma questo titolo è spesso usato per riferirsi a situazioni di attesa surreale. E non credo che tutti quelli che lo citano lo abbiano visto!

but this title is often used to refer to surreal situations involving waiting. And I don't believe that all those who quote it have seen it!

So, I'll say goodbye and will await (but don't hurry) news of your work as......writer and the rest of your news.

Un abbraccio,

Maria

Allora ti saluto e aspetto (senza farti fretta) aggiornamenti sul tuo lavoro di....scrittrice e su tutto il resto.

Un abbraccio

Maria

94.

14.11.05

Excellent! Was it thanks to my phone call? I would like to think so!

A presto: I am still waiting for my computer to be working again....

Maria

94.

14.11.05

Bene! Sarà merito della mia telefonata? Voglio credere di sì!

A presto: aspetto ancora che ritorni in funzione il mio computer.....

Maria

95.

18.11.05

I don't have much experience of business correspondence but I don't think "gentile Caroline" is very correct: in my opinion they ought to say "Gentile Signora Higgitt"!!! And if they insist on an informal tone using your first name, then they should have written "Cara Caroline". But they didn't dare.....

Until the next episode.....

Un abbraccio forte,

Maria.

95.

18.11.05

Non ho esperienza di corrispondenza commerciale, ma mi sembra poco corretto dire "gentile Caroline.: secondo me dovevano dire Gentile Signora Higgitt !!! E se proprio volevano usare un tono confidenziale chiamandoti per nome, allora dovevano dire "Cara Caroline" Ma non hanno osato....

Alla prossima puntata.....

un abbraccio forte

Maria.

96.

13.01.06

Everything o.k. now: we can start our email correspondence again! Today I am going to......Florence (regular monthly outing with a trio of old friends), but I'll get back to the PC keyboard as soon as possible and send you our news.

A presto!

Maria.

96.

13.01.06

Tutto a posto: possiamo riprendere la nostra comunicazione e-mail! Oggi sono in partenza per.....Firenze (uscita mensile programmata con un terzetto di vecchie amiche), ma al più presto mi metterò alla tastiera del pc e ti aggiornerò.

A presto!

Maria

97.

15.02.06

Dear Caroline,

As last I am at my computer with the intention of writing you a proper letter.... if there are no unexpected interruptions. Life here in fact is becoming ever more complicated and lively.... So where shall I start to bring you up to date? I'll begin at the end, that is from this morning when I accompanied Carolyn and her husband to the bus that would take them to Pisa with a group of 22 pupils. Yes, they have beaten you to it and came back to Italy to repeat the exchange between our schools. They stayed with me for just under a week and this very morning they set off for the return journey to London. Carolyn is still very much involved with this scheme (that, quite apart for anything else, is very tiring for the teachers...) and despite her fragile appearance she is tireless in her involvement in the organisation of the exchange. It was also a chance to see Emanuela again, since she collaborated with the teachers organising the trip by preparing two delightful book-diaries for the pupils. In fact, if your plan to produce a book for adult students really were to come about, I think her creativity could be of immense help. She told me you had sent her a Christmas card for which she was very grateful. She was very touched by your thoughtfulness and friendship.

And now we come to us. This time I will proceed chronologically, from the oldest to the youngest. Therefore, obviously I'll start with Piero.

He is feeling anything but old! He never tires of his walks on Monte Morello, alone during the week and with the usual friends on Sunday mornings. In mid-January he went into hospital for an operation typical of older men: prostate. After the first day when he was in fact pretty knocked out, he recovered his self-confidence and wandered about the hospital (because of a lack of space they had, for good measure, put him in the women's wards!) cheering up (at least, so he says) the female patients! He is continuing with his work at the town hall, as *assessore ai lavori pubblici* (or "inspector of holes" as he jokingly calls himself) and is hardly ever at home. When we go out together in Sesto, I have noticed that he knows hundreds of people. Until now it was I who, as local school teacher, was able to boast of my wide knowledge of the people of Sesto. Now, by contrast, I see many people greeting or stopping him whose existence I know nothing of (and whose names he, however, can hardly ever remember, causing some embarassment).

Looking at the clock, I see that it is nearly time to leave for my English class (still level 2!). I'll close this first episode of my letter here with the promise to send off the next episode soon and my greetings to you (and to you all, John, your daughters and your not-quite-sons-in-law) and ti abbraccio con l'affetto di sempre.

Maria.

97.

15.02.06

Cara Caroline,

finalmente sono qui al computer con il progetto di scrivere una lettera vera.... se non ci sono imprevisti. La vita di casa difatti è sempre piuttosto articolata e vivace...Allora, da dove si comincia per aggiornarsi? Cominciamo dalla fine, cioè da stamani mattina, quando ho riaccompagnato Carolyn e suo marito John all'autobus che li riportava a Pisa con un gruppo di 22 alunni. Eh, sì, vi hanno battuto sul tempo e sono tornati in Italia per ripetere l'esperienza dello scambio tra le nostre scuole. Sono stati ospiti miei per poco meno di una settimana, e questa mattina appunto hanno ripreso la strada di Londra. Carolyn è sempre molto coinvolta da questa iniziativa (che è fra l'altro piuttosto faticosa per gli insegnanti...) e nonostante il suo fisico d'aspetto fragile si spende senza risparmio nella conduzione dello scambio. E' stata anche l'occasione per rivedere Emanuela, che ha collaborato con gli isegnanti organizzatori dello scambio preparando due deliziosi libretti-diario per gli alunni. A proposito, se veramente andasse in porto il tuo progetto del libro per studenti adulti, credo che sarebbe preziosa la sua collaborazione così creativa. Mi ha parlato con gratitudine del tuo biglietto di Natale: è stato un gesto di attenzione e di amicizia che le ha fatto molto piacere.

E ora veniamo a noi. Questa volta procedo in ordine cronologico, dal più anziano al più giovane. E' ovvio perciò che comincerò da Piero.

Veramente lui si sente tutt'altro che anziano! Continua infaticabile le sue camminate a Monte Morello, da solo, durante la settimana, e con i soliti amici la domenica mattina. A metà del mese di gennaio è stato ricoverato in ospedale per un intervento tipico degli uomini un po' avanti negli anni: la prostata. Dopo il primo giorno, in cui era effettivamente un po' rintontito, ha ripreso la sua baldanza e ha imperversato per la corsia dell'ospedale (fra l'altro, per motivi di spazio l'avevano sistemato nel reparto donne!) per una settimana, tenendo su il morale (così almeno dice lui) di tutte le ricoverate! Prosegue la sua attività in Comune, come assessore ai lavori pubblici (ossia, "assessore alle buche" come ama scherzosamente definirsi) e praticamente non è quasi mai in casa. Quando si esce insieme per Sesto, ho verificato che conosce una marea di persone. Fino ad ora ero io che, come insegnante del posto, vantavo una conoscenza estesa dei Sestesi. Ora invece vedo che lo salutano o lo fermano tanti di cui io non conoscevo l'esistenza (e di cui lui però non ricorda quasi mai il nome, facendo certe figure....)

Guardando l'orologio mi sono accorta che si avvicina l'ora di partire per il mio corso di inglese (ancora secondo livello!). Concludo qui la "prima puntata" della mia lettera e con la promessa di far partire presto anche la prossima puntata ti saluto (anzi, vi saluto, te, John, figlie e quasi generi) e ti abbraccio con l'affetto di sempre

Maria

98.

26.02.06

Dear Caroline,

As promised, here is the continuation of our family news. Glancing at my previous letter, I realise that I wrote only about us and didn't say a word about recent events with you: I am thinking particularly about the death of your brother. Please forgive me. I was so busy trying to tell you as much as possible about us that I let no space for anything else! I am well aware, however, the difficult time you are all going through, particularly with all these things happening almost at once [John's father died a few months earlier and his mother died in a fire on New Year's Day] and please believe me, you are often in my thoughts – and with me the rest of the family with whom I share your letters – and am only sorry that we are not nearer so that we could speak better about the things that have happened, as friends. Apart from anything else, we are surrounded by so many things that remind us of you two (ranging from the breakfast mugs [Maria uses the English word] to the Celtic t-shirts that Simone wears all the time, even in winter) that not a day goes by without us thinking of Edinburgh et al....

To take up the Bosi saga again. This time I'll start with the youngest – not Giovanni but a girl: a little sister is on the way. The date of birth is expected to be the end of July. Simone and Anna are preparing to move into the house in the country. They don't seem to me to be in any great hurry: you can see they (especially Simone) like being here with us, with lots of people around the meal table, the company of Anna's sisters and of An and with the undeniable advantage that I know how to cook a bit better than his wife...... So the move will not take place before next summer! [In fact Anna and Simone moved house finally and permanently shortly after this]. In the meantime they are living in my mother's flat, so that Giovanni has a room to himself and I, on the floor above, have plenty of space for any guests (I hope you are listening).

A word about Lorenzo: as I write he is at the theatre, the Pergola [in Florence], with a friend, or rather with his GIRL friend, a very nice girl called Claudia who is studying maths and whom he got to know when she was directing a play in which he was acting. In the words of the proverb: *se son rose, fioriranno* ["If they are roses, they will flower"]. And I really hope they are roses, because Claudia is a delight.

I'll end with something about your lessons to the bilingual girls you told me about a few emails ago. You asked me what are the most common difficulties [Italian children have] with the written language. After all your eons as a teacher I think you will have worked this out for yourself.... However, I think the biggest difficulties are the use of h, the gn group, double letters, and the groups cia, gia, ge... does that seem likely?

Think about the possibility of coming yourself to Italy to choose some suitable teaching books.....

98

26.02.06

Cara Caroline,

continua l'aggiornamento della nostra vita di famiglia, come promesso. Dando una rilettura rapida alla lettera precedente mi sono resa conto che ho parlato solo di noi e non ho scritto una parola sulle ultime vostre vicende: penso innanzitutto alla morte di tuo fratello. Perdonami. Sono stata presa dall'urgenza di riferirti il più possibile di noi e non ho lasciato spazio ad altro! Ho però ben registrato, credo, la difficoltà in cui vi siete trovati tutti voi, per di più quasi contemporaneamente, e credimi che vi penso spesso e con il rammarico di non essere più vicina per parlare meglio, tra amici, di quello che vi succede. Fra l'altro siamo circondati da tante cose che ci parlano di voi (a cominciare dalle mugs della prima colazione fino alle magliette celtiche che Simone porta sempre anche d'inverno) che non passa giorno che il pensiero non vada a Edimburgo & C....

Dunque, riprendiamo "la saga" dei Bosi. Questa volta comincio dal più giovane, o meglio, dalla più giovane: è in arrivo una sorellina per Giovanni. La nascita è prevista per la fine di luglio. Simone e Anna stanno preparandosi a trasferirsi nella casa di campagna. Non mi sembra però che abbiano una grande fretta: si vede che gli piace (soprattutto a Simone) stare qui da noi, con le tavolate piene di gente, la compagnia delle sorelle di Anna e di An, e con il vantaggio, indiscutibile, che io so cucinare un po' meglio di sua moglie....Perciò il trasferimento si farà non prima della prossima estate! Nel frattempo sono nell'appartamento che era della mamma, così Giovanni ha una camera tutta per sé e io, al piano di sopra, ho posto abbondante per eventuali ospiti (chi ha orecchi intenda...)

Due parole su Lorenzo: Mentre scrivo è a teatro, alla Pergola, con una sua amica, o meglio, con LA sua amica, una ragazza in gamba, Claudia, che frequenta matematica e che lui ha conosciuto perché era la regista di uno spettacolino in cui recitava. Commento la cosa con un altro proverbio:"se son rose, fioriranno". E io spero proprio che siano rose, perché questa Claudia mi sembra un gioiellino.

Concludo con due parole sulle tue lezioni alle ragazze bilingui di cui mi hai parlato un paio di e-mail fa. Mi chiedevi quali possono essere le difficoltà più comuni da superare nello scritto. Dopo tutto questo tempo "geologico" credo che te ne sarai accorta anche da sola....Comunque credo che la difficoltà maggiore sia l'uso dell'h, del gruppo gn, delle doppie, dei gruppi cia gia ge...può darsi?

Riprendi in considerazione la possibilità di venire in Italia a scegliere dei libri ad hoc....

Un abbraccio affettuoso, un augurio di buon lavoro nella lontana Cina a John e tanti cari pensieri per le tue figlie

Maria

Un abbraccio affettuoso, best wishes for a good trip to far-away China to John [a possibility for a course of lectures postponed because of pressure of work] and cari pensieri to your daughters.

Maria.

P.S.

I haven't finished yet! The rest of the family news in my next letter. And then, we are coming up to the elections. We'll talk about this again. Meanwhile, be sure to back Prodi, against Berlusconi!

P.S.

Non ho finito! Il resto delle notizie familiari nella prossima lettera. E poi, si avvicinano le elezioni. Ne parleremo. Intanto, mi raccomando: fate il tifo per Prodi, contro Berlusconi!

Anna

99.

1.04.06

Dear Caroline,

A quick telegram-style answer, with the renewed promise to send a "traditional" letter soon. As far as the book is concerned, the family is very flattered and gives its *nihil obstat* [ecclesiastical expression meaning that there are no grounds for objection to publication]. I will perhaps have to delete a few passages to avoid giving embarrassment or offence....

But will I be up to it? I tremble to think about it! The good thing is that you will have to come to Italy!

You were quite right to tell your artist friend that we will naturally welcome her too in our house, with you or alone.

Particularly heartfelt commiserations from Piero to poor John (Piero too has suffered from a bad back for years) and a bit of advice: avoid changes in temperature and wear the not very aesthetic but infinitely valuable "Gibaud belt" (do the English use this word for this kind of stretchy wool band worn to help with back pain?).

Un abbraccio e a prestissimo.

Maria.

99.

1.04.06

Cara Caroline

scrivo questa risposta telegrafica, ripromettendomi di inviare in seguito una lettera "tradizionale".Per quanto riguarda il libro la famiglia dà il suo nullaosta con grande emozione! Poi sarò io che, magari, dovrò censurare qualche passaggio per non creare imbarazzi o polemiche.....

Ma io, sarò all'altezza dei tuoi progetti? Brrrrrr...che brividi per la schiena! La cosa positiva è che sarai costretta a venire in Italia!

Alla tua amica pittrice hai fatto bene a dire che la nostra casa è aperta naturalmente anche per lei, con te o da sola.

Per John, sofferente, un saluto particolarmente comprensivo da parte di Piero (che anni fa ha avuto anche lui male alla schiena) e un suo consiglio: evitare gli sbalzi di temperatura, e portare quella antiestetica, ma preziosissima "cintura Gibaud" (la chiamate così anche voi, quella fascia di lana elastica per i dolori?)

Un abbraccio e a prestissimo

Maria